INTELIGENCIA
ARTIFICIAL

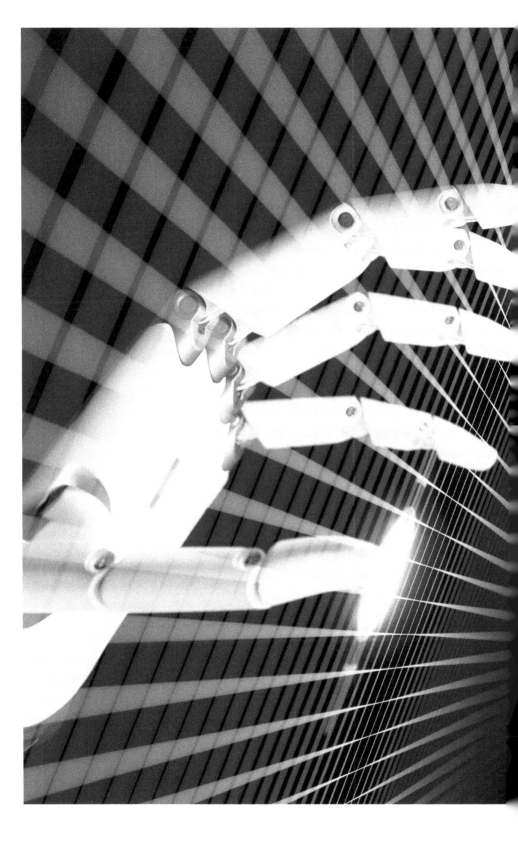

INNOVANT PUBLISHING
SC Trade Center: Av. de Les Corts Catalanes 5-7
08174, Sant Cugat del Vallès, Barcelona, España
© 2021, INNOVANT PUBLISHING SLU
© 2021, TRIALTEA USA, L.C. d.b.a. AMERICAN BOOK GROUP

Director general: Xavier Ferreres
Director editorial: Pablo Montañez
Producción: Xavier Clos
Diseño y maquetación: Oriol Figueras
Asesoramiento técnico: Cristian Rosiña, Javier Peña,
Oriol Puig y Xavier Safont
Redacción: Joan Soriano
Edición y coordinación: Agnès Bosch
Edición gráfica: Emma Lladó
Créditos fotográficos: "Enigma machine" (©Shutterstock), "EINAC
computer" (©Shutterstock), "IBM Pc XT" (©Shutterstock), "Computer
processing unit concept" (©Shutterstock), "Apple products on a wooden table"
(©Shutterstock), "Social media app screen with modern mobile smart phone"
(©Shutterstock), "3D rendering of abstract digital city concept" (©Shutterstock),
"Automobile production" (©Shutterstock), "Young business person and graphical
user interface concept" (©Shutterstock), "Robotic hand holding an apple"
(©Shutterstock), "MIT in Cambridge, MA, USA" (©Getty), "Businessman touching
digital human brain" (©Shutterstock), "Artificial intelligence playing chess concept"
(©Shutterstock), "Tesla Model S." (©Shutterstock), "ASIMO, the humanoid robot
created by Honda" (©Shutterstock), "Honda's ASIMO presented in Moscow"
(©Shutterstock), "Brain made with shining wireframe above blockchain cpu"
(©Shutterstock), "Daimler AG and BMW Group are to join forces on automated
driving" (©Daimler AG), "Detail of public statue of Alan Turing" (©Shutterstock),
"Laser processing of semiconductor nano components" (©Shutterstock), "Interior
of the IBM Q Network" (©IBM), "IBM Q Network" (©IBM), "Stephen Hawking
attends the EE British Academy Film Awards" (©Shutterstock), "Administrator
monitors work of Artificial Intelligence" (©Shutterstock), "Modern pharmacy
storage room" (©Shutterstock), "Industry 4.0 Robot concept" (©Shutterstock),
"4th industrial revolution apps" (©Shutterstock), "A photo of Google Glass"
(©Shutterstock), "Hi-Tech biometric security scan" (©Shutterstock), "Classical
artificial intelligence concept" (©Shutterstock), "I, Robot" (20TH Century
Fox / Gerlitz, Ava V. / Album), "Smart remote home control system on a
digital tablet" (©Shutterstock), "Young disabled man in robotic exoskeleton"
(©Shutterstock), "Disabled girl learning to write with a prosthetic arm"
(©Shutterstock), "Autonomous vehicle in Stockholm, Sweden" (©Shutterstock),
"Audi Aicon at CES Las Vegas 2019" (©AUDI AG), "Robotic arm at MWC
using 5g tech" (©Shutterstock), "Pepper, robot assistant" (©Shutterstock).

ISBN: 978-1-68165-869-8
Library of Congress: 2021933749

Impreso en Estados Unidos de América
Printed in the United States

ÍNDICE

7 Introducción

10 Antecedentes y estado de la gran revolución
del siglo XXI
      El presente que impulsa el futuro
      La cuarta revolución industrial

36 La inteligencia artificial
      ¿Qué es la inteligencia artificial?
      Redes neuronales
      Tipologías de la inteligencia artificial
      Singularidad tecnológica

56 Bases tecnológicas de la inteligencia artificial
      La robótica
      Aprendizaje profundo (deep learning)
      El test de Turing
      La nanotecnología
      La computación cuántica

74 ¿Qué futuro nos depara la inteligencia artificial?
      Los trabajos del futuro
      Faception y Ojos de Águila
      ¿Es consciente de sí misma la inteligencia artificial?

96 El mundo inteligente
      La convivencia con la inteligencia artificial
      Los beneficios

114 Glosario

118 Bibliografía recomendada

INTRODUCCIÓN

Aquellos que estén leyendo estas páginas seguramente serán testigos de una revolución tecnológica sin precedentes, a una escala y un alcance tan impresionantes que modificará profundamente sus vidas. Una revolución que se está desarrollando en tiempo récord, más veloz incluso que su precedente, la digital. De cumplirse los vaticinios, en apenas dos décadas el mundo globalizado experimentará las transformaciones derivadas de esa imparable revolución tecnológica, denominada la cuarta revolución industrial y protagonizada por la inteligencia artificial.

No se trata de los delirios de unos jóvenes programadores de Silicon Valley. El propio Klaus Schwab, fundador y presidente ejecutivo del Foro Económico Mundial de Davos, ha sido el encargado de acuñar el nombre de esta imparable ola en su libro *La cuarta revolución industrial* (2016), en el que asegura que «estamos al borde de una revolución tecnológica que modificará fundamentalmente la forma en que vivimos, trabajamos y nos relacionamos. En su escala, alcance y complejidad, la transformación será distinta a cualquier cosa que el género humano haya experimentado antes». La inteligencia artificial es el gran motor de esta nueva revolución que sobrepasará el campo de lo digital para integrarse en el mundo físico, con la incorporación de robots y máquinas inteligentes a las actividades que actualmente están reservadas a los seres humanos.

La automatización completa de los procesos productivos será su estandarte más visible, puesto que implicará la creciente sustitución de la mano de obra humana por la mecánica en la industria y en el sector de los servicios. Paralelamente, aparecerán nuevos tipos de empleo y de actividades hasta ahora impensables. Internet, los teléfonos móviles, la *big data* han revalorizado las capacidades de la inteligencia artificial, capaz de brindar los instrumentos necesarios para el desarrollo y provecho de nuevas potencialidades tecnológicas como el Internet de las Cosas, la robótica, la nanotecnología o la computación cuántica. A las industrias inteligentes se sumarán las ciudades inteligentes, pero la eclosión de la nueva revolución tecnológica también se pondrá de manifiesto en las ciencias biológicas, en la farmacéutica y en diagnósticos y tratamientos más acertados y rápidos.

¿Adónde nos conducirá el desarrollo de la inteligencia artificial? La fusión de tecnologías de origen diverso y su interacción en los dominios físico, digital y biológico hacen que resulte difícil predecir el alcance e intensidad de esta revolución. La velocidad con la que se están produciendo cambios es una de las cuestiones que suscita más temores, especialmente por la posibilidad de que las máquinas alcancen un grado de inteligencia análogo o superior al del ser humano. Hoy por hoy, a pesar de los avances en aprendizaje automático, se mantienen las incógnitas en torno al funcionamiento del *deep learning* (el aprendizaje profundo de las redes neuronales), y los sistemas logiciales aún dependen de la pericia de las personas para llevar a cabo su misión. Las máquinas no han superado todavía el estadio de la imitación.

En cualquier caso, saltan a la vista las ventajas que reportará la revolución tecnológica en materia de salud, medio ambiente y seguridad, puesto que contribuirá a la mejora de la gestión de los recursos naturales y al hallazgo de nuevas fórmulas y técnicas de bienestar para las personas. Frente a las advertencias de tonos apocalípticos que anuncian el dominio de las máquinas inteligentes sobre la especie humana como resultado final de este proceso, la nueva revolución tecnológica y la cuarta revolución industrial suponen por su ambición un reto de singular trascendencia en la historia de la humanidad. Un cambio total de paradigma en aspectos que, posiblemente, aún no somos capaces de imaginar siquiera.

ANTECEDENTES Y ESTADO DE LA GRAN REVOLUCIÓN DEL SIGLO XXI

La revolución tecnológica más veloz de la historia

La sociedad digital parece no conocer límites. Ha bastado una generación para que la alianza entre electrónica, computación y tecnologías de la información haya cambiado el mundo y anuncie la cuarta revolución industrial, deudora de la inteligencia artificial.

EL PRESENTE QUE IMPULSA EL FUTURO

Segunda década del siglo xxi: los ordenadores, internet y los teléfonos inteligentes forman parte de la vida diaria de millones de seres humanos. Nos levantamos con la alarma del despertador de nuestro teléfono móvil. Luego, nuestro polifacético teléfono accede a internet y consultamos las noticias del día en las páginas digitales de los diarios. Enviamos mensajes a cualquier usuario que cuente con el mismo programa de mensajería inmediata que nosotros. Y si él tiene otro, siempre podemos descargarlo de internet.

Mientras nos dirigimos al trabajo, escuchamos música en *streaming* o informaciones en directo en la radio digital. Incluso hacemos gestiones de carácter administrativo: solicitamos una visita médica, hacemos una transferencia bancaria, adquirimos entradas para un espectáculo o reservamos un billete aéreo. O nos entretenemos con un juego. Hacemos cualquier consulta en la red, esa enciclopedia universal que parece no tener límites. Incluso hacemos nuevas amistades y concertamos citas amorosas, lícitas o no.

Al llegar a nuestro puesto de trabajo, nos espera un ordenador con el que llevamos a término nuestras actividades laborales y que antes que el teléfono móvil ya tenía acceso a internet. Las posibilidades de esta sociedad digital y de la información se antojan ilimitadas y están cambiando nuestra manera de relacionarnos con las personas, las empresas y las instituciones. Esta poderosa e imparable transformación que continúa en marcha se gestó gracias a la estrecha colaboración entre dos tecnologías propias del siglo xx: la electrónica y la computación, a las que se sumaron las tecnologías de la comunicación (internet y la telefonía móvil) en el último cuarto de la centuria pasada.

En estos avances se asienta nuestro presente y el inminente futuro que anuncia la cuarta revolución industrial, en la que las tecnologías propiciarán la introducción de la inteligencia artificial en prácticamente todos los sectores y actividades. La cuarta revolución industrial se fundamenta en los logros de la era digital, que empezó en la segunda mitad del siglo xx y que se ha extendido hasta la actualidad, y cuya columna vertebral se ha forjado en la confluencia de los descubrimientos en el campo de la electrónica con los de las ciencias de la computación o informática. La estrecha y constante cooperación entre estas dos disciplinas durante 50 años ha dado pie a uno de los períodos más fructíferos de la historia de la ciencia y la tecnología.

EL LEJANO PASADO DE LA COMPUTACIÓN

Hay que remontarse a la Segunda Guerra Mundial (1939-1945), concretamente al ámbito de la inteligencia militar y la guerra secreta, para hallar los rudimentos de lo que más tarde se conocería como la revolución digital. Descubrir los planes del enemigo brinda la oportunidad de vencerlo, y para ello es primordial descifrar los mensajes que envían y reciben las tropas. Durante la contienda, los servicios de inteligencia polacos, franceses y británicos trabajaron intensamente para descodificar los mensajes que el ejército alemán cifraba con *Enigma*, una simple máquina de rotores pero con una compleja capacidad de encriptación: podía producir nada menos que ¡157 millones de combinaciones!

13

Para encontrar las claves e interpretar el mayor número de mensajes del enemigo en el menor tiempo posible, el gobierno británico reunió un equipo de «cerebros» en Bletchley Park, una mansión victoriana situada a las afueras de Londres. Entre sus miembros se hallaba un joven y brillante matemático llamado Alan Turing (1912-1954), que posteriormente sería considerado uno de los fundadores de las ciencias de la computación, padre del software para ordenadores y de la inteligencia artificial. Turing, basándose en nuevas máquinas capaces de aplicar una lógica probabilística, tuvo una intuición genial: «¿Y si para conocer cómo actúa una máquina hiciera falta otra máquina?». Diseñó entonces la *Bombe*, inspirada en un modelo polaco anterior, pero la necesidad de acelerar el proceso llevó a la creación del *Colossus*. Concebido por el matemático Max Newman (1897-1984) para descifrar los mensajes codificados por el artefacto alemán *Lorenz*, el *Colossus* fue el primer dispositivo programable, electrónico y digital. Una de sus mayores innovaciones, fruto del ingenio de Tommy Flowers (1905-1998), fue la incorporación de válvulas termoiónicas para crear un circuito electrónico y ganar velocidad en el procesamiento del cálculo o de los datos.

ELECTRÓNICA Y COMPUTACIÓN, PRIMEROS PASOS

Una vez concluida la Segunda Guerra Mundial, electrónica y computación volvieron a darse la mano en 1949, cuando entró en servicio la computadora Manchester Mark I, *Baby*. Construida por los ingenieros Freddie C. Williams (1911-1977) y Tom Kilburn (1921-2001), y programada por Turing, tenía como fin efectuar laboriosos cálculos matemáticos. Fue la primera máquina capaz de almacenar información en un sistema de memoria (un programa-algoritmo de 17 instrucciones) para lo que se utilizó un tubo de rayos catódicos. La genial idea de almacenar la información como puntos en una pantalla se le ocurrió a Williams, que durante la guerra había ejercido como experto en radares. Como reconoció él mismo en su libro *Early Computers at Manchester University* (1975): «Tom Kilburn y yo no sabíamos nada de ordenadores, pero mucho sobre circuitos. El catedrático Newman y el

Las tareas emprendidas por los servicios de inteligencia británicos para descifrar los mensajes encriptados por la máquina *Enigma* (a la izquierda), utilizada por la Alemania nazi durante la Segunda Guerra Mundial, figuran entre las experiencias que constituyeron el origen de las ciencias de la computación.

señor A. M. Turing sabían muchísimo de ordenadores y nada de electrónica». Desde el *Colossus* y, después, el *Baby*, la colaboración entre ingenieros y programadores –en definitiva, entre hardware y software, o entre electrónica y computación– se ha mantenido incólume hasta la actualidad.

A partir de la Manchester Mark I y de un *Manual de programación* elaborado por Turing, se fabricó en 1951 la Ferranti Mark I, la primera computadora de mesa y la primera en comercializarse. Entre Canadá, Países Bajos, Italia y Reino Unido se vendieron solo diez unidades. La computadora abandonaba las restrictivas áreas militar y académica para incorporarse a las actividades civiles. El hombre de la calle empezó a vislumbrar los usos de la computación.

15

Otro personaje fundamental de esta historia compartida entre electrónica y computación fue John von Neumann (1903-1957). Este matemático y físico norteamericano de origen austrohúngaro, que compartió conocimientos con Alan Turing, es el autor del célebre *First Draft of a Report on the EDVAC* («Primer borrador de un informe sobre la EDVAC», una de las primeras computadoras electrónicas), escrito en 1945. En este documento expuso lo que se conoce como la arquitectura funcional de un ordenador, y así nacía uno de los pilares de la computación actual: el modo lógico-funcional con el que se organizan los componentes electrónicos de un ordenador, principalmente el microprocesador y la memoria principal. Gracias a la arquitectura de Von Neumann se establecieron los fundamentos teórico y técnico de los ordenadores. La publicación y divulgación de este informe contribuyó decisivamente a su diseño, construcción y posterior evolución.

En febrero de 1946, Estados Unidos puso en funcionamiento la ENIAC, abreviatura de Electronic Numerical Integrator and Computer, la primera computadora programable. Diseñada por J. Presper Eckert (1919-1995) y J. William Mauchly (1907-1980), la finalidad de la ENIAC era realizar cálculos balísticos. Esta

La Electronic Numerical Integrator and Computer (ENIAC), puesta en servicio en 1946 por el ejército estadounidense para realizar cálculos balísticos, está considerada una de las primeras computadoras programable de la historia junto con el modelo británico *Colossus*, otro de los primeros ingenios digitales.

mastodóntica calculadora electrónica ocupaba 167 m² (el equivalente a una pista de voleibol) y pesaba cerca de 27 toneladas (casi tanto como 5 elefantes). Sus 18.000 válvulas (frente a las 4.000 del *Colossus*) hacían que resultara poco funcional, pues era fácil que varias se fundieran accidentalmente. No disponía de unidad de memoria y, entre otros inconvenientes, no operaba por numeración binaria. Sin embargo, efectuaba cálculos en paralelo e incorporaba novedades en programación, como la capacidad de procesar expresiones condicionales similares a la actual sentencia IF... THEN (si... entonces) y la implementación de puertas AND (y) y OR (o) mediante circuitos electrónicos de válvulas.

Los errores y los aciertos de la ENIAC fueron de gran utilidad para el diseño de nuevas computadoras de uso militar, como la EDVAC (Electronic Discrete Variable Automatic Computer), que contaba con una unidad de memoria integrada y cuya arquitectura lógico-funcional, la de John von Neumann, se convirtió en el modelo de la mayoría de los ordenadores modernos, y la ORDVAC (Ordnance Discrete Variable Automatic Computer), de 1951, que fue la primera computadora en contar con un compilador para el lenguaje en el que se programó, el FORAST. Esto significaba que la ORDVAC podía programarse como los ordenadores actuales; además, fue una de las primeras unidades que permitían el uso remoto, por teléfono, y disponer de copias gemelas (clones), como la ILLIAC (1952), destinada a labores educativas y con la que podía compartir software, o la SILLIAC, activa entre 1953 y 1968.

La arquitectura de Von Neumann fue adoptada por los primeros ordenadores comerciales. La línea UNIVAC (Universal Automatic Computer), de la compañía Eckert-Mauchly Corporation (los creadores de la ENIAC), adoptó la de la EDVAC, mientras que el modelo IBM 701 desciende directamente de las computadoras que John von Neumann diseñó para el Institute for Advanced Study (IAS), en Princeton.

LA ERA DEL PC

Una vez sentadas las bases de la tecnología del procesamiento de datos, en la década de 1960 nació la industria de la computación. La investigación de los procedimientos prácticos se trasladó de los campus universitarios al sector empresarial. Estados Unidos se convirtió en el país puntero en esta nueva tecnología, prácticamente monopolizada por una sola empresa, la International Business Machine (IBM), que inauguró la fabricación de ordenadores en serie con el modelo IBM 650. Entretanto, a la sombra de IBM se produjeron nuevos avances en programación con los lenguajes de alto nivel Fortran (1954) y Cobol (1960), aplicables a diferentes modelos de ordenadores.

La incorporación al ordenador del transistor (1958), el circuito integrado (1964) y el microprocesador (1978) incrementó la velocidad de procesamiento y la memoria. Asimismo, cada uno de estos

El modelo XT de IBM presentaba la novedad de contar con un disco duro interno de 10 Mb. Este ordenador personal, que operaba con lenguaje MS-DOS, contribuyó poderosamente a la popularización de la informática, especialmente entre las pequeñas empresas, en la década de 1980.

tres elementos definió una generación de computadoras y estableció las bases de un nuevo salto. La aparición del Altair 8800 en 1975 fue el pistoletazo de salida de la era del PC (Personal Computer u ordenador personal). La informática entró definitivamente en millones de hogares. También el software había dado un paso de gigante en favor de su popularización con el lenguaje Basic, creado en 1964. Diseñado originalmente para la enseñanza como un medio para facilitar la programación a universitarios y profesores que no pertenecieran al campo de las ciencias, formaba parte del software de los primeros PC. Pronto, en torno al ordenador personal se constituirían dos nuevos gigantes de la industria, Microsoft (1975) y Apple (1976), que desbancarían a IBM al frente de este pujante sector.

A principios del siglo XXI, los ordenadores eran más pequeños, más fiables y mil veces más potentes que sus predecesores de solo 50 años antes. Y, sobre todo, el público se había acostumbrado en un tiempo récord a incluir los ordenadores entre sus utensilios de uso diario, un fenómeno que se acentuaría con la versatilidad y multifuncionalidad de las PDA, los teléfonos móviles inteligentes *(smartphones)* y las *tablets* a partir de la segunda década del siglo.

En 1975 se dio el pistoletazo de salida de la era del PC, con el Altair 8800: la informática entró definitivamente en los hogares.

TECNOLOGÍAS DE LA COMUNICACIÓN

Las tecnologías de la comunicación son decisivas para la cuarta revolución industrial, porque de ellas depende su característica más innovadora: el control remoto de los procesos de fabricación (incluida la gestión administrativa), sin la presencia física del ser

La invención de los circuitos impresos, también denominados circuitos integrados o placas base, constituyó un avance decisivo para la popularización de la informática y los ordenadores entre el público general, ya que reducía notablemente el tamaño de los aparatos al tiempo que aumentaba la velocidad de los microprocesadores que los integran.

El ordenador personal, la tablet y el teléfono móvil inteligente (*smartphone*), todos ellos instrumentos de la tecnología de la información, han resultado fundamentales en el arranque de la cuarta revolución industrial y en la explosión de los sistemas de inteligencia artificial gracias a su conexión con internet.

humano. La gestión a distancia de los equipos informáticos es posible gracias a internet, un conglomerado de redes telemáticas que pueden intercambiar información mediante protocolos TCP/IP.

Internet nació de una alianza entre militares y académicos. En la década de 1960, durante la Guerra Fría, la Advanced Research Projects Agency (ARPA), dependiente del Departamento de Defensa de Estados Unidos, se propuso optimizar el sistema de comunicación entre los ordenadores de las universidades y los de los organismos estatales. Así, en noviembre de 1969 estableció la primera red de interconexión entre equipos remotos, que comunicó por vía telefónica las computadoras de las universidades de Los Ángeles y Stanford, en California. Acababa de nacer Arpanet, la primera red de comunicación entre ordenadores de redes diferentes, que posteriormente, en enero de 1983, quedó liberada de sus compromisos con el Departamento de Defensa. Fue el inicio de internet. En 1983 se aplicaron los protocolos de comunicación TCP (Transmission Control Protocol) e IP (Internet Protocol), y se publicó el modelo de protocolos OSI (Open System Interconnection) –que permitió la conexión de redes dispares, así como el uso de distintos protocolos de comunicaciones de la familia TCP/IP (transferencia de hipertexto; el de las páginas web), ARP (resolución de direcciones IP, el ordenador que establece la comunicación), FTP (transferencia de archivos), SMTP (transferencia de correo electrónico), POP (protocolo de oficina de correo electrónico) y TELNET (acceso a equipos remotos)–, se creó el lenguaje hipertextual HTML y, en 1990, se constituyó la WorldWideWeb (www), la mayor red del espacio internet, conocida popularmente como «la Web».

Internet soporta una gama de servicios cada vez más amplia. A los ya conocidos, como la Web, el correo electrónico y las conversaciones en línea por texto, se han sumado la telefonía, las conversaciones por vídeo, la mensajería instantánea, la transmisión de

contenido y comunicación multimedia (texto, imagen y sonido), los juegos en línea y las redes sociales. El impacto social y económico ha sido enorme y se ha producido a una sorprendente velocidad. En apenas dos décadas, el éxito de las redes sociales (Facebook, Twitter, Instagram) dan fe de ello en el plano social. En el económico, las grandes corporaciones de distribución (Amazon, Alibaba) corroboran la consolidación del comercio electrónico. La conexión inalámbrica y la adaptación de los servicios de internet a los dispositivos móviles han aumentado aún más su popularidad y sus posibilidades de uso desde cualquier lugar con acceso a la «red de redes».

23

Todos estos avances han hecho posible la supervisión remota (desde un ordenador de mesa, un portátil o un *smartphone*) de la cadena industrial, así como la intercomunicación de los sistemas informáticos que dirigen los diferentes centros fabriles ligados a una misma cadena de valor. Sin embargo, sobre este alentador panorama también se ciernen algunas sombras, como la seguridad en la red.

Aparte de ventajas como el ahorro de energía y de materias primas y, en consecuencia, en la conservación del medio ambiente, la cuarta revolución industrial no renuncia a generar pingües beneficios para sus promotores. De ahí que la vulnerabilidad de internet

Las denominadas redes sociales, como Facebook, Twitter, Instagram o Linkedin, nutren diariamente a la «nube» de internet con millones de datos a través de los teléfonos móviles inteligentes o smartphones. Todos ellos constituyen una fuente de información fundamental para la *big data*.

sea materia de debate. Operar en la nube implica dejar al descubierto datos económicos y procedimientos industriales, incluidos los de la propia gestión por internet. Por eso la introducción efectiva de la Industria 4.0 deberá ir precedida de la adaptación de los protocolos de seguridad ya existentes, como los SSH, para las industrias con producciones automatizadas y supervisadas a través de la red, tanto en los procedimientos de comunicación como en los recursos de computación en la nube.

En el mismo sentido, los teóricos de la cuarta revolución industrial también reclaman mayor capacidad, fiabilidad y estabilidad de la red en la transmisión de datos, pues las interrupciones, los fallos de funcionamiento o la lentitud pueden suponer no solo cuantiosas pérdidas materiales sino también la inviabilidad del proyecto para algunas industrias..

En el saldo positivo, la naturaleza colaborativa de internet permitirá a las empresas acceder a datos necesarios para ajustar sus producciones y para que estas sean más efectivas. La *big data* (grandes cantidades de datos aportados por los usuarios de la red y que son almacenados y analizados para detectar patrones y establecer estrategias predictivas) se convertirá en una herramienta auxiliar fundamental para las fábricas y empresas distribuidoras de la cuarta revolución industrial.

25

La génesis de las redes neuronales se remonta a los trabajos conjuntos del neurólogo Warren McCulloch (1898-1968) y el matemático Walter Pitts (1923-1968). Estos dos científicos norteamericanos establecieron el modelo matemático de una red de neuronas artificiales. A partir de los años 1960 las redes neuronales comenzaron a ser consideradas una posible solución para realizar clasificaciones automatizadas. Para ello fue decisivo el trabajo del psicólogo de la Universidad de Cornell Frank Rosenblatt (1928-1971) que, en 1958, creó un algoritmo basado en las redes neuronales de McCulloch-Pitts, de reconocimiento de patrones de imágenes al que llamó preceptrón. En la fotografía, representación del procesamiento en paralelo del *machine learning*.

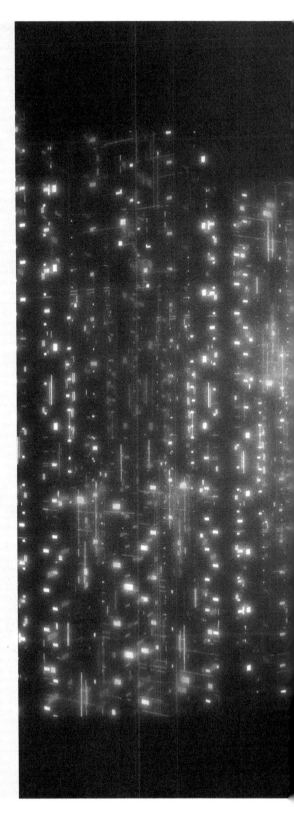

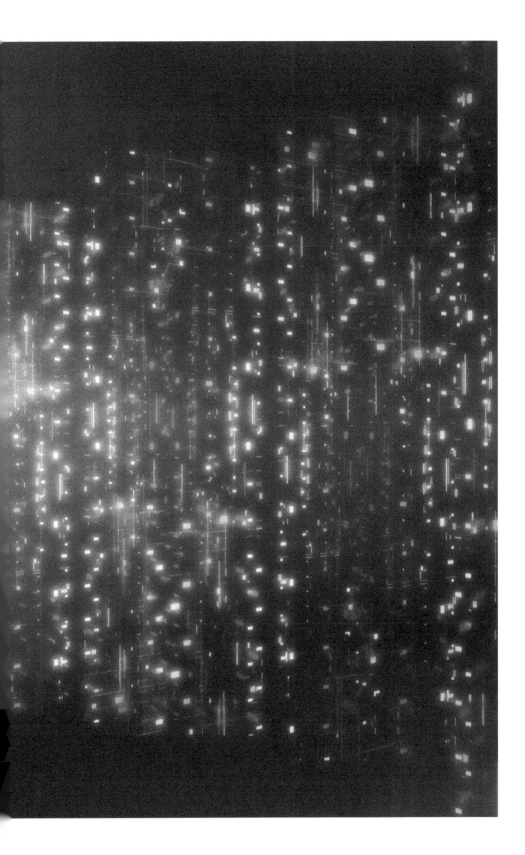

LA CUARTA REVOLUCIÓN INDUSTRIAL

La humanidad ha protagonizado tres revoluciones industriales como consecuencia de avances tecnológicos: la del vapor (finales del siglo XVIII), la de la electricidad (principios del siglo XX) y la digital (último cuarto del siglo XX). Apenas 30 años después de la última se anuncia, inexorable, la cuarta revolución industrial, fundamentada en la confluencia de las tecnologías digitales, físicas y biológicas que se han desarrollado en los últimos años de la revolución virtual: internet, telefonía móvil, *big data*, computación cuántica, sistemas ciberfísicos, robótica, nanotecnología, biotecnología, neurotecnología, automóviles autónomos, drones, impresoras 3D, etc.

La cuarta revolución industrial establece un nuevo paradigma: no se trata de una carrera de desarrollos en cada área, sino de un encuentro de tecnologías que se retroalimentan.

28

Este conglomerado de disciplinas y tecnologías se sostiene sobre tres grandes pilares: la implementación de sensores en la mayoría de elementos, el Internet de las Cosas y la inteligencia artificial, cuya conjunción provocará la automatización plena de los procesos productivos. Servicios, fábricas y ciudades inteligentes serán las muestras más tangibles e inmediatas de los cambios que se prevén con la consolidación de las tecnologías de la información. El análisis, codificación y explotación de los datos acumulados en internet es otra de las claves fundamentales de este fenómeno, puesto que no solo constituyen la materia prima del cambio, sino también la base de nuevas disciplinas. Algunos expertos ya apuntan que la fusión de la inteligencia de datos y la inteligencia artificial podría dar origen a una nueva especialidad, la de los «datos inteligentes». Las expectativas de crecimiento económico asociadas a esta cuarta revolución son impactantes. Según un informe publicado por la consultora estadounidense Accenture en 2015, la aplicación de las nuevas tecnologías en la industria agregaría a la economía mundial ¡14,2 billones de dólares en un plazo de 15 años!

AUTOMATIZACIÓN INDUSTRIAL (INDUSTRIA 4.0)

La cuarta revolución industrial supondrá la consolidación de la «industria inteligente», es decir, la automatización de todos los procesos de producción desde la entrada del pedido hasta la entrega del producto al cliente, pasando por la fabricación, la gestión administrativa y la logística. Entretanto, uno de los pasos previos será la automatización completa de las fábricas con la ayuda de la inteligencia artificial. El objetivo es la «fábrica inteligente».

Aunque algunos sectores de la industria actual, como la automovilística, ya tienen una sólida experiencia en el trabajo con robots y sistemas de producción controlados virtualmente, el nuevo reto es que los sistemas ciberfísicos encuentren aplicación en las diferentes industrias (siderúrgica, textil, bienes de equipo, etc.) y controlen la fabricación sin la presencia humana. Pero ¿qué es un sistema ciberfísico? En pocas palabras, un dispositivo (componente físico) controlado informáticamente (componente cibernético) con un software que muestre distintos comportamientos en un contexto dinámico. Un automóvil autónomo capaz de evitar colisiones es un sistema ciberfísico, pero también lo es un sistema de red eléctrica inteligente, que, dependiendo de unas necesidades de consumo dadas, recurra a un modo u otro de abastecimiento, o de administración.

La cuarta revolución industrial establece un nuevo paradigma: el encuentro de tecnologías que se retroalimentan.

La «toma de decisiones» descentralizada (sin la mediación de un servidor informático que la apruebe) es una de las grandes novedades de los sistemas ciberfísicos, puesto que ellos mismos pueden valorar cuál es la mejor opción en virtud del contexto y sus algoritmos. Por ejemplo, un sistema ciberfísico de una cadena de montaje que capte un defecto en una de las piezas producidas podrá, de acuerdo con las instrucciones recibidas por el conjunto de elementos ciberfísicos (cantidad de elementos que debe producir y tiempo de producción previsto), hacer tres cosas: **a)** rechazar la pieza e informar al sistema central de que no se van a completar

al cien por cien las instrucciones de producción; **b)** observar que el defecto es subsanable y repararlo él mismo si dispone de las herramientas necesarias, advirtiendo a los otros sistemas de la cadena que los intervalos previstos se van a ralentizar según los márgenes previstos para el tiempo de producción; **c)** descartar la pieza y reclamar la presencia de otro sistema ciberfísico dedicado a reparar defectos y a reincorporar la pieza a la cadena.

Obviamente, los componentes físicos y el software de los sistemas ciberfísicos están estrechamente ligados. Al igual que el Internet de las Cosas y la inteligencia artificial, sensores y transmisores son una parte fundamental del sistema porque garantizan la interrelación con el entorno. La máxima operatividad de los sistemas ciberfísicos se desarrolla en una red de elementos dinámicos (por ejemplo, el tráfico para un automóvil autónomo).

La industria automovilística tiene una sólida experiencia en la utilización de robots en las cadenas de producción, especialmente en el montaje del chasis y la soldadura de las diferentes partes de la carrocería. La industria del automóvil es uno de los principales modelos de la industria 4.0.

INTERNET DE LAS COSAS

El Internet de las Cosas (IoT por sus siglas en inglés) alude a la conexión entre objetos a través de internet. Para que el IoT sea uno de los motores de la cuarta revolución industrial, es necesario que cumpla tres requisitos: que cada aparato, máquina o instrumento tenga su propio código de identificación; que cada uno de ellos cuente con sensores y transmisores de datos para recopilar y enviar información a otras máquinas, y que estos datos sean accesibles para equipos remotos a través de internet con el fin de controlarlos, gestionarlos y analizarlos.

La existencia de códigos de identificación permitiría saber en cada momento dónde se halla un instrumento y si está en funcionamiento. Esto ofrecería ventajas inmediatas para la logística de las industrias, al proporcionar información real sobre el estado de las existencias, tanto de las que proceden de los proveedores como de los artículos manufacturados. El código de identificación «personalizado» de los objetos deberá incluir datos sobre sus especificaciones técnicas y sus instrucciones de uso. Toda esta información estará disponible en internet y a ella podrán acceder otras máquinas (por ejemplo, los robots) en condición de usuarios para obtener la información más útil para sus objetivos.

Los sensores y los transmisores son imprescindibles para la comunicación entre máquinas, puesto que el código de identificación incorpora la información física sobre el objeto, así como sobre sus funciones y utilidades. De este modo, un camión con una ruta programada y equipado con GPS, pongamos por caso, podría enviar por internet una señal a la unidad central del muelle de carga y descarga al que se dirige para advertirle que tiene prevista su llegada en un plazo de 30 minutos. Por su parte, los sensores de la unidad central captarían qué muelle estaría habilitado para las operaciones, y avisaría a los sistemas automáticos de descarga (robots) de la llegada del camión y del tipo de

La cuarta revolución industrial se fundamenta necesariamente en la suma, la colaboración y las sinergias desarrolladas por distintas disciplinas punteras vinculadas a la computación, la inteligencia artificial, la robótica, internet, los *smartphones*, la *big data* o la nanotecnología, entre otras.

mercancías que transporta. Simultáneamente, informaría al sistema inteligente del camión de la terminal de descarga a la que debe dirigirse y le transmitiría las indicaciones precisas para llegar (mapa). En este ejemplo, los datos recogidos por los sensores durante el viaje contribuyen a que la empresa optimice las rutas y mejore el servicio o lo ajuste a las demandas. Además, los datos se reciben en tiempo real.

Uno de los retos del IoT es la codificación de casi todos los objetos. Se calcula que cada ser humano está rodeado de entre 1.000 y 5.000 objetos. Se estima también que para el año 2020 habrá 30.000 millones de dispositivos inalámbricos conectados a internet, lo que significa que el protocolo actual, el IPv4, con una capacidad para 4.294.967.296 (2^{32}) direcciones de host distintas, es insuficiente para asignar un número a cada persona del planeta, y menos aún para el volumen de dispositivos que prevé la plena efectividad del Internet de las Cosas. Por ello, ya se está procediendo a sustituir el IPv4 por el IPv6, con una capacidad prevista de 340 sextillones (2^{128}) de direcciones.

La falta de capacidad de la red es uno de los temores fundados de los teóricos de la cuarta revolución industrial, aunque la comunicación entre máquinas no descarta la aplicación de sistemas mixtos: por ejemplo, el uso de redes internas mediante frecuencias de radio de baja intensidad para la identificación de objetos o para la secuenciación de fases productivas en un mismo recinto o proceso fabril, y el uso de internet para la transmisión y recepción de consignas de producción a centros o dispositivos remotos.

INTELIGENCIA ARTIFICIAL

Tal vez el motor más potente de la cuarta revolución industrial será la tecnología relacionada con la inteligencia artificial (IA). Los sistemas ciberfísicos, aunque tengan entidad propia, forman parte de la IA. La robótica, una de las ramas de la IA, ocupará un lugar preeminente en esta revolución. No solo asistirá al ser humano en las tareas productivas o peligrosas, sino que su actividad se ampliará a otros campos. Está previsto que el uso de robots como asistentes de ancianos o de personas con discapacidades se extienda en la próxima década, incluso que puedan ejercer de niñeros y de maestros de refuerzo. Esta área de la robótica asistencial está ligada a las tecnologías de las ciudades inteligentes (*smart cities*, en inglés), en las que los robots desempeñan una extensa carta de tareas programadas: mantener limpias las ciudades recogiendo y las basuras; cambiar las lámparas fundidas de las farolas inteligentes y desatascar los sistemas de saneamiento. En definitiva, sustituirán a los seres humanos en las tareas manuales de mantenimiento, conservación o vigilancia. Otros sistemas de inteligencia artificial controlarán el tráfico y sugerirán a través del ordenador del vehículo rutas alternativas en caso de atasco.

Sin embargo, el diseño de los robots aún tiene mucho campo por recorrer. Sus extremidades han de conseguir la suficiente flexibilidad y sensibilidad para poder reconocer y manipular con destreza objetos delicados o materias blandas o escurridizas.

Los mecanismos de la inteligencia artificial no solo trabajarán para los seres humanos, sino también para el propio mundo logicial. Así, los asistentes orales de Apple (Siri), Microsoft (Cortana) o Amazon (Alexa) establecen conversaciones con los usuarios para suministrar un inimaginable volumen de datos a los operadores de la red sobre el lenguaje humano y sus significados con una clara finalidad semántica. El análisis de esta información y su inclusión en los algoritmos mejorará progresivamente la relación de los humanos con las máquinas gracias al mutuo reconocimiento del lenguaje, sus funciones y sus interpretaciones. Un modelo ya en uso son los «sistemas expertos», que utilizan el conocimiento de especialistas cualificados para reproducir sus razonamientos; el ejemplo más conocido es el de los dispositivos capaces de hacer diagnósticos médicos. La inteligencia artificial será el gran motor de la cuarta revolución industrial. Se aplicará en ámbitos muy diversos, desde la domótica hasta la cirugía con implantes o los dispositivos producidos por la nanotecnología. Asimismo, puede ser el catalizador de nuevos desafíos, como la exploración de los fondos marinos y la colonización del espacio.

LA INTELIGENCIA ARTIFICIAL:

Enseñando a las máquinas a pensar

Desde mediados del siglo xx, los científicos están intentando transmitir la inteligencia humana a las máquinas, mediante instrumentos como las redes neuronales. Ante sus vertiginosos avances, la inteligencia artificial suscita recelos y temores.

LA INTELIGENCIA ARTIFICIAL

¿Qué entendemos por «artificial» y por «inteligencia»? El adjetivo artificial designa a aquel elemento de la naturaleza que el ser humano ha modificado para su provecho; la inteligencia, hasta el momento patrimonio exclusivo de la especie humana, es la facultad de aprender, entender, razonar y tomar decisiones.

A mediados del siglo pasado, el ser humano empezó a transmitir su inteligencia a las máquinas. El matemático Alan Turing (1912-1954), uno de los teorizadores de la inteligencia artificial, estudió la estructura y el funcionamiento del cerebro como una forma de ver el mundo de la computación. Describió el córtex del cerebro como una «máquina desorganizada» en el momento del nacimiento, pero que se convertía en una «máquina universal» gracias al aprendizaje a medida que el sujeto se desarrollaba hasta alcanzar la edad adulta. Consideraba el cerebro una «máquina de estados finitos» y, por tanto, un «ordenador digital». Turing, Warren McCulloch (1898-1969) y Walter Pitts (1923-1969) concibieron sendas teorías sobre neuronas artificiales y las compararon con las biológicas: al igual que estas, las neuronas artificiales recibirían impulsos para, a continuación, transformarlos, codificarlos y enviarlos a la red en forma de orden.

En 1989, el físico británico Roger Penrose, en su libro *La nueva mente del emperador*, abandonó la comparación con las estructuras biológicas y acudió a la mecánica cuántica para explicar por qué la mente humana es capaz de plantear cuestiones no computables o no algorítmicas, como el siguiente enunciado: «Busque dos números pares A y B cualesquiera tales que el resultado C de su suma, $A + B = C$, sea un número impar». Una persona, después de hacer unos pocos cálculos, concluirá rápidamente que el problema no tiene solución. Un ordenador, en cambio, hará cálculos hasta el infinito intentando hallar una respuesta válida.

Actualmente la tecnología presta su experiencia a las ciencias naturales para comprender la naturaleza del pensamiento humano. En realidad, los estudios de neurología y los de computación se retroalimentan: los primeros muestran y explican el funcionamiento de las estructuras cerebrales; los segundos,

Mano de un robot sosteniendo una manzana producida por una impresora 3D. Junto con la inteligencia artificial, la robótica y la impresión aditiva forman parte de la revolución tecnológica, que se está implantando cada vez con mayor velocidad en los sectores productivos y de servicios.

simulando en la estructura de los ordenadores tejidos neuronales y revelando por analogía los procedimientos de transmisión del modelo humano. De esa convergencia entre biología y computación ha surgido una nueva disciplina, la bioinformática.

Aun así, a pesar de las analogías, actualmente los ordenadores solo cumplen con algunas capacidades de la inteligencia humana: entender, resolver problemas y aprender, que se han llevado a término en el límite de sus posibilidades, es decir, de acuerdo con su programación. En este sentido, el carácter artificial de su inteligencia es evidente, pues son producto de la inteligencia del ser humano y, sobre todo, precisan de su intervención. No obstante, algunas máquinas de alta computación con programas adecuados –como AlphaGo de Google– poseen la habilidad de sacar sus propias conclusiones. El desarrollo de esta facultad permitiría dotarlas de cierta autonomía respecto a los humanos. Más aún si se les facilitaran los accesorios técnicos equivalentes a los sentidos humanos, nuestra fuente de conocimiento.

40

¿QUÉ ES LA INTELIGENCIA ARTIFICIAL?

Definir la inteligencia artificial no es tarea fácil, porque se trata de una disciplina dinámica, de la que es difícil precisar sus contenidos y alcance.

El matemático John McCarthy (1927-2011) fue quien acuñó el concepto de «inteligencia artificial» en 1956, en la conferencia de Dartmouth, y la definió como «la ciencia e ingenio de hacer máquinas inteligentes, especialmente programas de cómputo inteligentes», entendiendo por máquina inteligente aquella capaz de aprender, formular abstracciones y conceptos y resolver problemas hasta ahora reservados a los seres humanos. En 1962 surgió el lenguaje LISP (ideado por el propio McCarthy), los espacios de estado, los esquemas de representación y lógicos, las redes semánticas, los *frames* y los *scripts*, así como la ingeniería del conocimiento. El lenguaje LISP ha contribuido a definir una de las características de la inteligencia artificial: prácticamente ninguna de sus aplicaciones más conocidas (sistemas expertos, visión por ordenador, reconocimiento de patrones, reconocimiento de imágenes y voz, resolución de problemas, robótica, enseñanza y juegos) sigue el esquema algorítmico tradicional. En su lugar, utilizan el procesamiento en paralelo. Por ello, aunque en un sentido amplio los ordenadores personales formen parte de la inteligencia artificial, en la práctica corresponden a programas más próximos al cómputo lógico.

Aunque no compartida por todas las aplicaciones, otra característica de la inteligencia artificial es su correspondencia con el mundo físico, ya sea mediante una aplicación virtual o tangible. Algunos ejemplos son la robótica, los sistemas expertos, los automóviles autónomos, la visión por ordenador o el reconocimiento de imágenes.

P. H. Winston, director del Laboratorio de Inteligencia Artificial del MIT (Massachusetts Institute of Technology) entre 1972 y 1997, decía que «el objetivo de la inteligencia artificial se puede concretar en cómo conseguir fabricar ordenadores más útiles para comprender los principios que hacen posible la inteligencia». Bruce Buchanan y Edward Feigenbaum, el «padre de los sistemas expertos», redondearon esta definición afirmando que «la investigación sobre inteligencia artificial es la parte de la ciencia de los ordenadores que investiga los procesos simbólicos, razonamientos no algorítmicos y representaciones simbólicas del conocimiento que se utilizan en las máquinas inteligentes».

Las definiciones que subrayan el aspecto tecnológico de la inteligencia artificial provienen de los pioneros en este campo. Según Marvin Minsky, la inteligencia artificial es «la ciencia de construir máquinas que hacen cosas que realizadas por el hombre precisan el uso de la inteligencia». Elaine Rich secundó esta visión, no sin cierto sentido del humor, cuando escribió que «la inteligencia artificial es el estudio de cómo se puede lograr que los ordenadores hagan cosas que, de momento, las personas hacen mejor».

A pesar de ser compañeros en el MIT, John McCarthy y Marvin Minsky sostenían planteamientos divergentes respecto a la inteligencia artificial, los cuales han creado escuela. Mientras que McCarthy recomendaba una línea de investigación orientada a la obtención de programas de ordenador que razonen siguiendo básicamente los dictados de la lógica matemática,

El Massachussets Technological Institute (MIT) es uno de los centros universitarios pioneros en el desarrollo de las ciencias de la computación en Estados Unidos. En sus laboratorios, John McCarthy, que acuñó el concepto de inteligencia artificial en 1956, desarrolló el LISP, el primer lenguaje informático.

Minsky proponía imitar fundamentalmente el método de razonamiento de la mente humana, que, a su juicio, no tiene por qué ser necesariamente el mismo que el de la lógica matemática.

Miquel Barceló, catedrático de Lenguajes y Sistemas Informáticos de la Universidad Politécnica de Cataluña, asegura que «el enfoque de McCarthy ofrece más posibilidades para llegar a ciertos resultados. Pero la observación de Minsky establece las bases de una duda razonable sobre si los resultados obtenidos por el enfoque de McCarthy tienen realmente algo que ver con la inteligencia humana o solo son meras aproximaciones que pueden cerrar el camino a la verdadera imitación de la inteligencia humana, si es que este es el objetivo. [...] De ahí que, en conjunto, las técnicas de la inteligencia artificial en su intento de imitar las características de la mente humana traten [...] cuestiones como la comprensión de los procesos cognitivos, el razonamiento y la toma de decisiones, la comprensión y la utilización del lenguaje natural –en oposición a los lenguajes más formales y más «fáciles» para los sistemas informáticos–, la percepción visual y los procesos de aprendizaje».

Todavía no existe una definición precisa de la inteligencia artificial. Sus logros en diferentes áreas, su penetración en áreas como los juegos, sus nuevos retos y su dinamismo pujante han acrecentado aún más la dificultad de determinar sus funciones. Ante esas circunstancias, los investigadores se ven obligados a formular definiciones imprecisas, como que la inteligencia artificial es «un conjunto de actividades de alta programación» o «la capacidad de lograr objetivos complejos».

43

«La inteligencia artificial es el estudio de cómo se puede lograr que los ordenadores hagan cosas que, de momento, las personas hacen mejor.»

Elaine Rich.

REDES NEURONALES

Una red neuronal es un modelo computacional que pretende reproducir, mediante sistemas electrónicos, la estructura y el comportamiento de los sistemas nerviosos biológicos. Es el algoritmo más famoso dentro de la serie de algoritmos del *machine learning*. Las redes de neuronas artificiales o ANN (*Artificial Neural Network*) están formadas por una serie de procesadores interconectados que intercambian informaciones o impulsos, denominados activaciones o entradas, aunque, por analogía con los sistemas biológicos, estas activaciones reciben también el nombre de sinapsis, y los procesadores, el de neuronas.

La red neuronal más representativa está constituida por tres capas o series de procesadores: la de entrada, la oculta (intermedia) y la de salida. La cantidad de procesadores en cada una de ellas puede variar. Además, la capa oculta puede estar compuesta por varias series de procesadores. De hecho, los proyectos de redes neuronales suelen trabajar con miles o millones de neuronas y conexiones.

En vez de ejecutar una secuencia de instrucciones (algoritmos) previamente almacenadas, como hacen los ordenadores que utilizan la arquitectura clásica de Von Neumann, los modelos con redes neuronales exploran simultáneamente varias hipótesis utilizando el procesamiento en paralelo. Por ello suele afirmarse que a las redes neuronales no se las programa, sino que se les enseña a comportarse de una manera determinada.

¿CÓMO APRENDEN LAS REDES NEURONALES?

La manera habitual de enseñar a una red neuronal es mostrarle varias señales de entrada conjuntamente con el resultado positivo o negativo de las salidas y repetir el proceso varias veces hasta que lo aprenda, ajustando la relevancia de cada entrada. El problema está resuelto cuando se encuentra un conjunto de pesos que permiten a la red neuronal componer la salida adecuada para cualquier entrada, es decir, reconocer la entrada.

Gracias al procesamiento en paralelo, las redes neuronales presentan una elevada tolerancia a los errores. A su vez, los sistemas que emplean redes neuronales son capaces de aprender y formarse a sí mismos. En este aprendizaje automático se intenta minimizar la función de pérdida (el coste de tiempo en hallar la interacción de salida correcta) mediante la utilización de un algoritmo dinámico denominado de propagación hacia atrás o *back propagation of errors*. Concebido por Paul Werbos en 1975, hace que la propia red neuronal calcule los pesos de cada una de sus neuronas para conseguir cada vez más probabilidades de acierto en sus salidas. En definitiva, el sistema aprende aplicando el principio de ensayo-error. No obstante, la velocidad de procesamiento le permite corregir los errores a una velocidad creciente, a medida que los resultados coinciden con las activaciones de entrada deseadas.

APLICACIONES DE LAS REDES NEURONALES

Las redes neuronales se utilizan en aquellos sistemas clasificadores que deben dar respuesta a un estímulo concreto para reconocer su pertenencia o no a un grupo determinado. Puesto que son el mecanismo que ofrece más posibilidades de acierto en el reconocimiento de patrones, constituyen la base de los sistemas de clasificación basados en identificación de imágenes, voces y escritura manual que se aplican en el ámbito de la seguridad (reconocimiento de huellas dactilares, retinas, rostros, voces, firmas, etc.) y en la conducción de vehículos autónomos (reconocimiento de señales de tráfico verticales, horizontales, luminosas, así como de personas y seres vivos, de obstáculos, etc.). También se emplean en los sistemas expertos (predicciones meteorológicas, financieras, diagnósticos médicos), de toma de decisiones (ajedrez, backgammon, póquer, go, juegos de debate, etc.), de traducción automática o de minería de datos, e incluso en los procedimientos de detección de *spam* en el correo electrónico.

El ordenador Deep Blue, de IBM, es un ejemplo famoso de un sistema de redes neuronales. En 1997 ganó al campeón mundial de ajedrez Garri Kaspárov. Apenas un año antes había sido derrotado en su primer duelo con el maestro ajedrecista. Sin embargo, después de haber aprendido, el ordenador, capaz de calcular 200 millones de posiciones por segundo, venció el encuentro de seis partidas por 3 a 2 y una partida que acabó en tablas. Tres

La inteligencia artificial ha demostrado ser particularmente hábil en el área de los juegos de mesa como las damas, el ajedrez y el go, en que los ordenadores han conseguido superar a algunos de los mejores especialistas humanos en campeonatos organizados a propósito.

años antes, Chinook, un programa desarrollado por la Universidad de Alberta, se convirtió en el campeón mundial del juego de las damas. El mismo equipo aprendió en 2007 que cuando se juega a las damas de forma perfecta no hay ganador.

La supercomputadora Watson de IBM consiguió batir en 2011 a dos rivales humanos en el concurso de preguntas de cultura general de la televisión estadounidense *Jeopardy!* Sus competidores fueron Brad Rutter, el concursante que más dinero había ganado en el concurso, y Ken Jennings, el más duradero en la historia del programa. Watson no solo contaba con una base de datos con el equivalente de 200 millones de páginas de información, sino que podía reconocer las preguntas del presentador y responderlas con su propia voz.

Por último, la empresa DeepMind, adquirida por Google en 2014, creó una red neuronal, AlphaGo, capaz de derrotar en 2016 al campeón mundial de go, el surcoreano Lee Sedol, por 4 a 1. Esta red neuronal aportó una sorprendente novedad que ha brindado a los investigadores nuevas esperanzas sobre la posibilidad de crear máquinas capaces de pensar por sí mismas. En la segunda partida, AlphaGo hizo un movimiento incomprensible para su rival. Sedol tardó más de quince minutos en improvisar una jugada de contraofensiva, pero a las cuatro horas ya había perdido el juego. Para sus creadores, la victoria de AlphaGo fue inquietante, porque la red neuronal había mostrado con ese movimiento inesperado algo muy parecido a la creatividad y la intuición humanas. En un juego con millones de combinaciones, descubrió movimientos ganadores que los grandes campeones nunca habían imaginado. AlphaGo aprendió por el método de prueba y error. Y en el proceso generó sus propios datos para aprender, sin más aportación humana que las instrucciones del juego.

Como admitió Emmanuel Mogenet, responsable del Google Research European Center de Zúrich (Suiza), especializado en

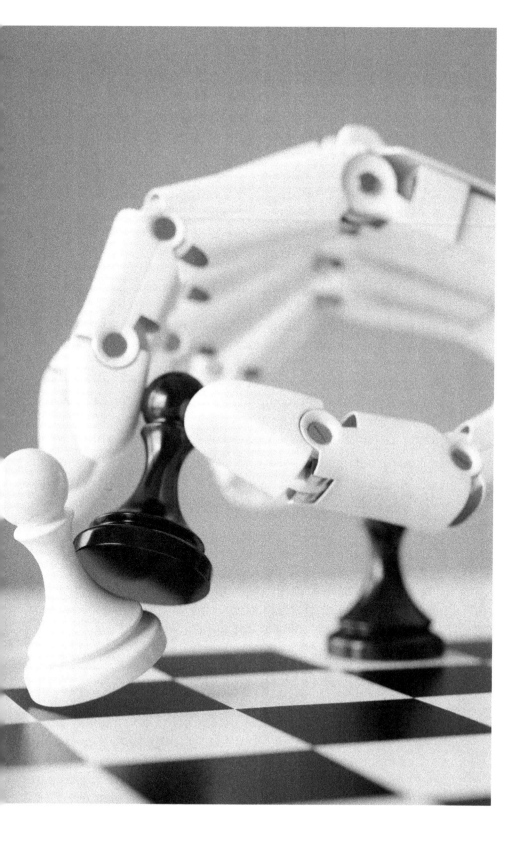

inteligencia artificial y aprendizaje automático: «Hemos creado un software inteligente que funciona, pero no sabemos cómo funciona ni por qué funciona tan bien».

Algo parecido ocurre con SCinet, una red neuronal creada en la Escuela Politécnica Federal de Zúrich, capaz de aplicar leyes de la física aprendidas de un modo automático. SCinet ha deducido leyes físicas a partir de la introducción de datos para que aprendiera a predecir la posición de objetos. Para ello, se le proporcionaron datos de un experimento de péndulo oscilante, investigaciones sobre la colisión de dos bolas y las posiciones de los planetas y el Sol en el cielo nocturno.

Como resultado, SCinet fue capaz de predecir: la situación futura del péndulo en un momento dado con un error del 2%, sin conocer las leyes del movimiento pendular; el momento angular de dos bolas después de haber colisionado, sin conocer la ley de la conservación del momento), y la situación de Marte respecto al Sol, sin que se le hubiera suministrado ningún modelo heliocéntrico. ¡Y todo ello sin revelar la ecuación precisa que utiliza!

48

TIPOLOGÍAS DE LA INTELIGENCIA ARTIFICIAL

Conforme a su grado de evolución con respecto a las facultades del cerebro humano, se han establecido tres tipos de inteligencia artificial: básica, general y superinteligencia. Aunque en la actualidad, esta clasificación tiene una función más teórica que real, puesto que solo se ha desarrollado el primer tipo, veamos que es lo que caracteriza a cada una de ellas.

INTELIGENCIA ARTIFICIAL BÁSICA (ANI)
La inteligencia artificial básica, o ANI (por sus siglas en inglés de *Artificial Narrow Intelligence*), conocida también como inteligencia artificial débil o especializada, incluye todo el desarrollo de la inteligencia artificial hasta la actualidad. Este grado de inteligencia básicamente abarca aquellos sistemas preparados para desempeñar una única y específica función. Por ejemplo, Deep

Una empresa de Google creó AlphaGo, una red neuronal capaz de vencer en 2016 al campeón mundial de go, el surcoreano Lee Sedol

Blue fue entrenado para jugar al ajedrez y, a pesar de toda su potencia de cálculo, no podía jugar a ningún otro juego sin ser antes programado para ello. La visión por ordenador, el *spam* del correo electrónico, el motor de búsqueda de Google, el vehículo autónomo, los sistemas de traducción automática, los de reconocimiento de sonidos e imágenes, los asistentes virtuales, los sistemas expertos... todos ellos son otras manifestaciones de la inteligencia artificial básica o débil.

En sentido estricto, la ANI no es un sistema inteligente, sino que se comporta de un modo inteligente, y, aunque esté calificado de débil, es eficiente. Sus aplicaciones son muy funcionales, tanto para los trabajos físicos como para los cognitivos. La cuarta revolución industrial se basa en el desarrollo de sistemas de inteligencia artificial básica. Sin embargo, algunos avances como los que supusieron el programa AlphaGo o DeepMind han alimentado las esperanzas entre los científicos de la computación de que el paso al siguiente grado se halle más cerca de lo que parece.

INTELIGENCIA ARTIFICIAL GENERAL (AGI)

Los analistas detectaron en AlphaGo un atisbo de la creatividad humana, pero eso no basta para admitir que las ciencias de la computación estén franqueando el umbral de la inteligencia artificial general, o AGI (*Artificial General Intelligence*), también llamada fuerte. La definición de la inteligencia artificial general alude a máquinas que cumplen plenamente con todas las funciones cognitivas del cerebro humano.

Sobre el sentido que cobraría una inteligencia artificial idéntica a la del ser humano, la duda es si la AGI colaboraría con sus creadores o se impondría a ellos. Sin embargo, la AGI es de momento una mera especulación teórica. Aún no se ha

El Tesla S es un automóvil autónomo fabricado por la compañía del mismo nombre, propiedad del magnate Elon Musk. La conducción está controlada por el ordenador Nvidia Drive PX2, un sistema de inteligencia artificial de aprendizaje neuronal profundo, denominado Autopilot, con capacidad para aprender a reconocer patrones de forma rápida.

Presentado por Honda, la multinacional japonesa del motor, en el año 2000, Asimo es un robot androide que incorpora patrones de la inteligencia artificial. Además de caminar sobre dos piernas, es capaz de interactuar con humanos cuyos rostros, gestos, voces y movimientos puede identificar.

desarrollado un procesador lo suficientemente potente para equipararse al cerebro humano. Se estima que este posee alrededor de 10^{11} neuronas con una conectividad media próxima a 1.000, lo que sitúa el número de interconexiones o sinapsis en 10^{14}, unas cifras todavía inalcanzables para los modelos artificiales. Como el órgano humano, los procesadores artificiales deberían ser capaces de percibir y comprender el entorno físico, generar múltiples pensamientos y transmitirlos, y, en el caso de unidades móviles (por ejemplo, robots), generar y controlar la locomoción para ajustarse a los requisitos de la inteligencia artificial general.

Este estadio de transición entre la inteligencia básica y la superinteligencia artificial suscita diferentes opiniones. Mientras que algunos, como Elon Musk, fundador de las empresas Tesla Motors y SpaceX, sienten pánico por la existencia de máquinas capaces de pensar como los humanos, otros, como Peter Norvig, director de investigación de Google, opinan que no vale la pena contar con sistemas de inteligencia artificial que alcancen los niveles de conocimiento humanos, pues no resultarían tan funcionales como los de la inteligencia básica.

SUPERINTELIGENCIA ARTIFICIAL (ASI)

El último estadio de la evolución de la inteligencia artificial se caracteriza por superar a la humana. Por supuesto, la superinteligencia artificial, o ASI (*Artificial Super Intelligence*), es una fase hipotética, especulativa. Sin embargo, causa terror entre algunos grandes nombres de las ciencias de la computación wy otras disciplinas. Los detractores de la ASI temen que el advenimiento de la superinteligencia artificial esté más próximo de lo que imaginamos y sospechan que se producirá a consecuencia de la aplicación de la ley de rendimientos acelerados. Formulada en 2001 por Raymond Kurzweil, director de ingeniería de Google, esta ley, una variante de los principios de la ley de Moore (según la cual cada

dos años se duplica el número de transistores en un microprocesador), afirma que se alcanzará el límite de duplicación cuando los transistores rocen el tamaño de los átomos y ya no se puedan hacer más pequeños, porque las leyes de la cuántica empezarán a actuar sobre esos tamaños.

Puesto que la experiencia demuestra que las máquinas hacen con mayor eficacia y rapidez todo aquello que les enseñan los seres humanos, se teme que la superinteligencia artificial prescinda de sus creadores. De acuerdo con la ley de rendimientos acelerados de Kurzweil, ese momento se producirá en el año 2045.

SINGULARIDAD TECNOLÓGICA

Las mismas predicciones que anuncian la llegada casi inminente de la superinteligencia artificial advierten de que le seguiría de inmediato el tránsito a una fase definitiva, denominada singularidad tecnológica. Este término fue utilizado por primera vez por John von Neumann para aludir a un futuro en el que las innovaciones tecnológicas podrían acabar poniendo en jaque a la humanidad. La singularidad tecnológica implicaría la automejora recursiva de la inteligencia artificial. La repetición de estos ciclos probablemente daría lugar a generaciones de máquinas cada vez más potentes, por lo que la inteligencia artificial llegaría a ser muy superior a la capacidad intelectual humana y escaparía a su control. Las modificaciones en el modo de vida serían tan acusadas que producirían una «singularidad», un cambio evolutivo, cuyo desarrollo estaría más allá de nuestras capacidades de comprensión. La fusión hombre-máquina, mediante la biotecnología, es uno de los paradigmas relacionados con ese estadio evolutivo. Por otro lado, las máquinas comenzarían a autorreproducirse, algo reservado hasta ahora a los seres biológicos.

Paul Allen, cofundador de Microsoft, opuso a este concepto el de «freno de la complejidad». Afirmó que «los investigadores de la inteligencia artificial apenas están empezando a teorizar sobre cómo modelar de manera efectiva los fenómenos complejos que otorgan a la cognición humana su flexibilidad única:

incertidumbre, sensibilidad contextual, reglas generales, autorreflexión y esos destellos de comprensión que son esenciales al pensamiento de nivel superior». Asimismo, creía que a diferencia del modo en que los seres humanos adquieren conocimientos, pasando progresivamente de lo general a lo particular, los investigadores de la inteligencia artificial pretenden incorporar en las máquinas las mismas capacidades cognitivas que las de los seres humanos a partir de la experiencia adquirida con la inteligencia artificial básica, cuya excesiva especialización es un punto de partida débil. El neurocientífico británico Demis Hassabis, por su parte, opina que cuando la superinteligencia artificial sea un hecho, probablemente la inteligencia humana también haya aumentado y evolucionado, y se podrán curar enfermedades consideradas hoy incurables o raras, extender la esperanza de vida más allá de los cien años, comprender definitivamente el funcionamiento del cerebro, mejorar la relación con el medio ambiente y explorar el universo.

BASES TECNOLÓGICAS DE LA INTELIGENCIA ARTIFICIAL

Robótica, nanotecnología…, crecen las aplicaciones

Los avances en el aprendizaje de las máquinas
y en disciplinas auxiliares, como la robótica,
la nanotecnología y la computación cuántica,
acelerarán las competencias de la inteligencia
artificial y le brindarán nuevas posibilidades
y campos de aplicación..

LA ROBÓTICA

La robótica lleva camino de convertirse en la tecnología estrella de la cuarta revolución industrial, pues goza de una ventaja sobre sus «competidoras»: comparte espacio físico con los seres humanos. Durante años, en el imaginario popular la inteligencia artificial se ha relacionado exclusivamente, de manera errónea, con los robots de tipo humanoide concebidos por la ciencia ficción. Hubo que esperar a ASIMO, presentado en 2011 por la corporación japonesa Honda, para ver a un robot de aspecto humanoide y marcha bípeda segura.

Debido a su especificidad física, la robótica comprende varias disciplinas: mecánica, electrónica, informática, física e ingeniería de control. La mecatrónica es la especialidad de la ingeniería que aúna estas materias y se encarga de diseñar y fabricar los robots. En sí, un robot es un sistema mecatrónico que, mediante sensores, es capaz de llevar a cabo una acción previamente programada.

58

Hasta hace poco, los robots han estado ligados a la automatización de procesos industriales, especialmente en la fabricación de automóviles. Sin embargo, la eclosión de los robots de servicio ha creado nuevas expectativas para la difusión y popularización de esta tecnología, sobre todo en el área doméstica, pero también en la quirúrgica y en la de los vehículos autónomos.

Mediante la aplicación de sensores ópticos y táctiles, la robótica está adquiriendo nuevas potencialidades, especialmente en los sistemas ciberfísicos destinados a la producción industrial. La conexión de estos con redes de información, como internet, y la posibilidad de ajustar las producciones a demandas concretas gracias al acceso a macrodatos (*big data*) están impulsando un nuevo modelo de relaciones productivas entre hombre y máquina. De los brazos mecánicos se está pasando a robots con mayor grado de autonomía, móviles y dotados de eficaces sensores para su adaptación a la presencia humana. Asimismo, se está abandonando la rígida programación algorítmica que señala los movimientos de los robots mediante parámetros espaciales y temporales en beneficio del entrenamiento de robots equipados con redes neuronales de aprendizaje automático para multitud de tareas.

El reto más inmediato de la robótica colaborativa es evitar que los robots puedan causar involuntariamente accidentes que afecten a las personas (algo crucial en el caso de los automóviles autónomos). Otro desafío es integrar en las extremidades de los robots industriales y de servicio el amplio surtido de sensaciones táctiles que experimentan las manos humanas, para que, por ejemplo, sean capaces de distinguir el tipo de objeto y su masa y relacionarlo con el grado de fuerza requerida para desplazarlo.

Probablemente habrá que implementar las tres leyes de la robótica que avanzó el profesor de bioquímica en la Universidad de Boston, divulgador científico y escritor de ciencia ficción Isaac Asimov (1920-1992) en sus célebres libros dedicados a los androides:

LAS LEYES DE LA ROBÓTICA

Un robot no hará daño a un ser humano ni permitirá, por inacción, que un ser humano sufra daño alguno.

. . .

Un robot debe cumplir las órdenes recibidas de los seres humanos, a excepción de aquellas que entren en conflicto con la primera ley.

. . .

Un robot debe proteger su propia existencia en la medida en que esta protección no entre en conflicto con la primera ni con la segunda ley.

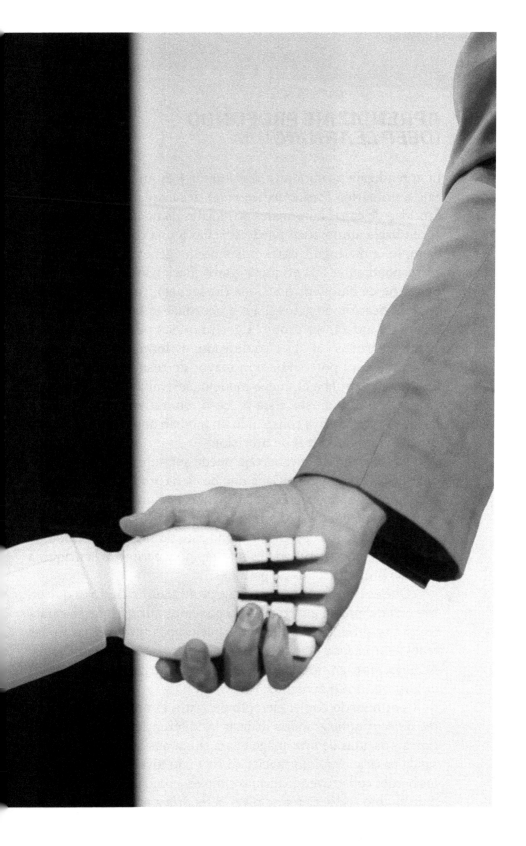

APRENDIZAJE PROFUNDO
(DEEP LEARNING)

El aprendizaje profundo (o *deep learning*) es un tipo de aprendizaje automático (o *machine learning*) desarrollado por una gran cantidad de capas neuronales artificiales de una red neuronal. El aprendizaje automático puede enseñar a una computadora, por ejemplo, a distinguir entre miles de imágenes de animales las correspondientes a la etiqueta «gato», haciendo que, después de una serie de datos introducidos (imágenes), resuelva con éxito la identificación de gatos. La red neuronal utiliza esta información para ajustar su propio algoritmo –los pesos de cada una de sus neuronas– al objetivo deseado, de forma que la próxima vez alcance un porcentaje aún mayor de resultados positivos. Entonces se prueba el nuevo modelo, se evalúa su rendimiento y se realiza otro ajuste. Este proceso reiterativo continúa hasta que el programa haya construido un modelo que identifique a los gatos con un alto nivel de precisión.

Este proceso de aprendizaje puede ser supervisado o no por un especialista humano. Cada uno de estos procedimientos tiene sus ventajas e inconvenientes. Cuando hay un gran número de etiquetas entre las que distinguir, el aprendizaje supervisado es más lento pero más preciso; cuando este número es reducido, el aprendizaje no supervisado es más rápido y permite a la máquina crear su propio sistema de patrones.

¿Qué es entonces el aprendizaje profundo? Lo cierto es que no hay una definición concreta. Pero podemos afirmar que se caracteriza por producirse en las múltiples capas intermedias de las redes neuronales y por la supervisión del aprendizaje en cada capa. Además, las capas forman una jerarquía de atributos con un nivel de abstracción en aumento.

Continuando con el ejemplo del gato, el nivel inicial de una red de *deep learning* podría utilizar las diferencias entre las zonas claras y oscuras de una imagen para situar sus bordes. El nivel de salida pasaría esta información al segundo nivel, que combinaría los bordes construyendo formas simples, como una línea diagonal o un ángulo recto. El tercer nivel obtendría a partir de las formas

Conocer la arquitectura de toma de decisiones de las redes neuronales de múltiples capas con la intención de reducir el margen error del aprendizaje automático (o *machine learning*) es uno de los actuales retos de la ingeniería experta en procesos de inteligencia artificial.

63

simples objetos más complejos, cómo óvalos o rectángulos. El siguiente nivel podría combinar los óvalos y los rectángulos para formar barbas, patas o colas rudimentarias. El proceso continuaría hasta alcanzar el nivel superior en la jerarquía, en el cual la red aprendería a identificar gatos.

Actualmente, el aprendizaje profundo se orienta a extraer los procedimientos y las arquitecturas de decisión de las redes neuronales, ya que en realidad no se sabe cómo funcionan. Puesto que el aprendizaje automático es el fundamento del reciente despegue de la inteligencia artificial –los conceptos que se introducen son la base de las innovaciones de la inteligencia artificial: reconocimiento de voz, traducción automática de idiomas, diagnóstico de enfermedades mortales e incluso mentales, automóviles autónomos, decisiones bursátiles multimillonarias, transformación de industrias al completo, etc.–, este desconocimiento supone un grave problema porque impide disminuir el margen de error.

Los fabricantes de automóviles alemanes BMW y Daimler-Benz colaboran en proyectos de vehículos autónomos. Las investigaciones en este campo han aportado importantes innovaciones en la conducción como el aparcamiento asistido, los limpiaparabrisas o el alumbrado automático, entre otras.

EL TEST DE TURING

A partir de un enfoque propio de la psicología conductista, en su artículo «Maquinaria computacional e inteligencia» (1950) Alan Turing proponía un experimento para discernir si un ordenador o un programa se comportan o no de un modo inteligente. La prueba se basaba en el juego de imitación de la época victoriana en el que un hombre y una mujer entraban en dos habitaciones de una casa y un tercero, llamado interlocutor, debía averiguar en cuál de ellas se hallaba cada uno. Para ello, podía hacer preguntas escritas. Sin embargo, con el objetivo de confundir al interlocutor, el hombre buscaba la forma de convencerle de que se trataba de la mujer, mientras que esta intentaba en todo momento comunicar su verdadera identidad. Pues bien, Turing sustituyó al hombre por un ordenador. Si el interlocutor es incapaz de distinguir la máquina de la mujer, se dice que la máquina ha pasado el test y se comporta de un modo inteligente. Si la máquina no lo supera, entonces no llegaremos a ninguna conclusión. Originalmente, la prueba consistía en una conversación entre una persona y una máquina mediante un teclado, eliminando cualquier información gestual.

La prueba de Turing muestra empíricamente que la inteligencia artificial solo se comporta de manera inteligente si el resultado lo es.

Turing avanzó que en el año 2000 habría ordenadores lo suficientemente potentes para jugar con tanta destreza a este juego que «el interlocutor normal no tendría más del 70% de posibilidades de efectuar la identificación correcta al cabo de cinco minutos de haber formulado las preguntas». Las optimistas expectativas de Turing no se cumplieron, ya que hasta el presente ninguna máquina ha conseguido superar su test, a pesar de la creación de programas como ELIZA (1966), capaz de mantener una conversación con una persona simulando un diálogo característico entre un psicoterapeuta y un paciente en una sesión de psicoanálisis, o

Rostro de la estatua dedicada al matemático Alan Turing (1912-1954), considerado uno de los padres de las ciencias de la computación, en la universidad británica de Surrey, en la ciudad de Guilford, donde el célebre matemático inglés residió durante parte de su infancia.

PARRY (1972), que se comportaba como un paciente esquizofré-nico y paranoico. A partir del test de Turing se han creado otras pruebas con finalidades análogas.

Una de las virtudes de la prueba de Turing es haber mostrado los valores heurísticos de la inteligencia artificial, es decir, que esta solo se comporta de manera inteligente si el resultado lo es.

La precisión de la tecnología láser es fundamental en la fabricación de nanocomponentes para microprocesadores. La nanotecnología podría propiciar la fabricación de componentes físicos capaces de soportar un software lo bastante complejo para recrear la inteligencia artificial.

LA NANOTECNOLOGÍA

¿Qué relación guarda la nanotecnología con la inteligencia artificial? Directamente, ninguna. Su papel es el de un precioso auxiliar, cuyas particularidades pueden influir decisivamente en las futuras formas de la inteligencia artificial.

La nanotecnología es, según una escueta y ajustada definición, la disciplina técnica que manipula materia del tamaño de 1 a 100 nanómetros. La millonésima parte de un milímetro (0,000001 mm) es un nanómetro (nm). Eso implica que entre sus metas está la manipulación de átomos –el del helio tiene un diámetro de 0,1 nm– y moléculas –el tamaño de un ribosoma, macromolécula de proteínas y ácido ribonucleico de una célula, es de 20 nm– para la creación de productos a microescala.

La nanotecnología podría propiciar la fabricación de componentes físicos capaces de soportar un software lo bastante complejo para recrear la inteligencia artificial. Dicho en otras palabras, los sistemas de funcionamiento de los aparatos serían entonces más pequeños y, por tanto, más versátiles, lo que permitiría introducir un software innovador, pues la maquinaria ofrecería opciones hasta ahora impracticables. Tal como predijo la ley de Moore, la capacidad de los microprocesadores está llegando a su límite a pesar de la miniaturización sucesiva de los transistores. Por ello la explotación de las propias moléculas de silicio, elemento fundamental de los microprocesadores, brindaría una solución y proporcionaría innovadoras expectativas para una nueva fase de explotación.

Por supuesto, se prevé que la transición de la microelectrónica a la nanotecnología transforme profundamente la arquitectura de los sistemas informáticos, dando pie a nuevos planteamientos de software, sobre todo en el área de la inteligencia artificial. Se estima que próximamente aparecerán nuevos modelos

Solo se puede operar con cúbits en un ambiente de muy baja temperatura, por debajo del cero absoluto. La fotografía muestra una vista inferior de la mixing chamber del ordenador cuántico IBM Q, que proporciona el enfriamiento necesario para el procesador.

de nanotecnología aplicada. En teoría, será posible obtener «cerebros electrónicos» con más posibilidades e interconexiones que los actuales gracias a avances como los nanotubos en transistores moleculares y en sistemas de información cuántica. En 2018 trascendió la noticia de que un equipo internacional de investigadores había creado la primera nanoneurona artificial capaz de distinguir números pronunciados por diferentes interlocutores. Las redes neuronales constituyen la base tecnológica de la inteligencia artificial.

70

LA COMPUTACIÓN CUÁNTICA

La computación cuántica es un nuevo paradigma de computación basado en el uso de cúbits (o bits cuánticos) en vez de bits. Para la computación clásica, el bit es la unidad mínima de información empleada en cualquier dispositivo digital. Bit es el acrónimo de Bynary Digit (dígito binario) y se representa con los valores 0 o 1. Para comprender la función del bit, se lo suele comparar con una bombilla, que puede estar en uno de estos dos estados: apagada (0) o encendida (1). Esta dualidad puede aplicarse a otros estados como verdadero o falso, abierto o cerrado, arriba y abajo… Basta con asignar uno de ellos a 0 (apagado) y el otro a 1 (encendido).

El origen de la computación cuántica está ligado a un problema físico relacionado con el hardware de los ordenadores. La sucesiva reducción de los

La computación cuántica tiene una potencia de cálculo y procesamiento exponenciales en comparación con los ordenadores binarios convencionales. Su desarrollo permitiría prescindir de los transistores y superar las limitaciones anunciadas por la ley de Moore. En la imagen, el ordenador cuántico IBM Q.

transistores para los microchips ha aumentado la potencia y la velocidad de procesamiento en máquinas cada vez más manejables. Pero cuando esta reducción llega a la escala nanométrica, los electrones, que son los encargados de transportar la información, se escapan de los canales por donde deben circular y el microchip deja de funcionar correctamente. Esta situación es conocida como el efecto túnel.

A la vista de este horizonte, el físico norteamericano Paul Benioff expuso en 1981 su teoría de aplicar las leyes cuánticas a la computación. A diferencia de la computación clásica, en la que un bit solo tiene dos estados, en la computación cuántica puede adoptar el estado de lo que se llama superposición coherente. Esto quiere decir que el bit puede ser 0 o 1, pero también 0 y 1 a la vez. Por eso el bit cuántico se denomina cúbit.

73

La posibilidad de operar con cúbits conduce a unas velocidades de cálculo y procesamiento exponenciales en comparación con la computación en bits. Además, permite plantear cuestiones hasta ahora irresolubles, algunas de ellas relativas incluso a los razonamientos no algorítmicos del cerebro. Introduce asimismo innovaciones en el hardware vinculado a las funciones de programación, como las puertas lógicas cuánticas. Estos dispositivos electrónicos ofrecen la ventaja de ser reversibles, una característica de la que carecen las máquinas binarias clásicas y que hace posible la elaboración de nuevos algoritmos.

Aun así, pese a los avances conseguidos –IBM ha puesto a la venta en 2019 el IBM Q System One, el primer ordenador cuántico para uso comercial–, la computación cuántica está todavía en fase experimental.

¿QUÉ FUTURO NOS DEPARA LA INTELIGENCIA ARTIFICIAL?

Entre el Apocalipsis y la coexistencia pacífica

La IA despierta un gran temor: que las máquinas puedan prescindir del ser humano. Además, todo parece indicar que en los próximos años los efectos de la cuarta revolución industrial convertirán este temor en una realidad en el ámbito laboral.

¿QUÉ FUTURO NOS DEPARA LA INTELIGENCIA ARTIFICIAL?

La inteligencia artificial general (AGI) despierta temores porque podrá prescindir del ser humano. Parece que en los próximos años los efectos de la cuarta revolución industrial ratificarán esa negra predicción en el mundo del trabajo.

La incertidumbre es el sentimiento dominante sobre todo en lo que se refiere a la aplicación de la inteligencia artificial en el mundo físico. A diferencia de otros procesos disruptivos tecnológicos en los que a un período de destrucción de puestos de trabajo obsoletos le seguía otro de florecimiento de nuevos empleos, la cuarta revolución industrial no parece garantizar el mismo fenómeno, ya que, teniendo como meta la productividad infinita, sustituirá a los seres humanos por máquinas.

Para muchos, este nuevo proceso industrial es la antesala de la eclosión de una superinteligencia artificial que, por sus propias características, podría superar la inteligencia del ser humano en un período que iría de las 24 horas a unos pocos días.

A este respecto, el célebre físico teórico británico Stephen Hawking (1942-2018) avisó en 2014 sobre los riesgos de la rápida evolución de la inteligencia artificial: «Creo que el desarrollo total de la inteligencia artificial podría propiciar el fin de la "raza humana". [...] Los humanos, limitados por una evolución biológica lenta, no podrán competir con ella y serán superados». La de Hawking no es una voz en el desierto. El filósofo sueco Nick Bostrom, profesor de la Universidad de Oxford y fundador del Instituto del Futuro de la Humanidad, advierte de los desafíos que una poderosa superinteligencia representa para el género humano. A su juicio, la revolución de las máquinas inteligentes será el mayor acontecimiento del siglo XXI; debemos estar preparados, porque modificará profundamente los fundamentos de la condición humana.

En general, nadie parece dudar de que las máquinas acabarán compitiendo con los seres humanos por el dominio de la inteligencia. La única incógnita es saber cuándo ocurrirá.

El prestigioso físico británico Stephen Hawking (1942-2018) experimentó en los últimos años de su vida un creciente rechazo al desarrollo de la inteligencia artificial a la que llegó a considerar en 2014 como una amenaza para la especie humana si supera su estadio básico o débil.

LOS TRABAJOS DEL FUTURO

La cuarta revolución industrial también repercutirá en los mercados de trabajo. A diferencia de las anteriores revoluciones industriales, en esta la automatización supondrá un mayor alcance y ritmo de destrucción del empleo. *The Future of Employment* (El futuro del empleo), un estudio de la Universidad de Oxford publicado en 2013 y elaborado por el doctor Carl Benedikt y el profesor Michael Osborne, examinó el impacto de la automatización en el mercado laboral de Estados Unidos en las próximas dos décadas. Las conclusiones fueron que el 47% de los puestos de trabajo actuales tienen un alto riesgo de ser sustituidos por máquinas, el 33% un riesgo medio y solo el 19% un riesgo bajo.

Como es fácil de suponer, los empleos consistentes en tareas repetitivas, habituales en la industria manufacturera, serán los más afectados por la automatización. Sin embargo, los investigadores llegaron a la conclusión, contra todo pronóstico, que también el sector de los servicios se verá profundamente afectado. Los puestos de trabajo relacionados con el transporte y la logística, las ventas al por menor, la hostelería y la administración en general forman parte del grupo de alto riesgo, debido a los avances en vehículos autónomos, a la creciente destreza y movilidad de los robots de servicios y a la aplicación cada vez mayor de sistemas de inteligencia artificial en la toma de decisiones en el sector de las finanzas. ¿Quién iba a esperar que los contables, los asistentes de auditorías, los bibliotecarios y los analistas de crédito iban a figurar entre los empleos fácilmente automatizables?

En el otro extremo, entre los trabajos con menos riesgo de automatización figuran aquellos relacionados con la asistencia a las personas y que requieren habilidades de inteligencia emocional, creativa y social. De momento, músicos, médicos, escritores, psicólogos, terapeutas, pedagogos, cirujanos, actores, directores generales… tienen el empleo asegurado por más tiempo. Pero en un plazo de 50 años la inteligencia artificial podría hacer también la mayoría de esos trabajos con mayor seguridad, precisión y calidad. Incluso se prevé que en 2025 una máquina de inteligencia artificial esté presente en la junta directiva de una gran compañía.

Aunque no las únicas, las tecnologías digitales o físicas que capitanean la cuarta revolución industrial serán también las que ofrezcan más oportunidades de empleo al multiplicarse los servicios y las necesidades en estas nuevas especializaciones.

79

Pese a la automatización, los especialistas más optimistas afirman que la inteligencia artificial creará también millones de nuevos puestos de trabajo. Sin embargo, más allá de la aparición de empresas dedicadas a la ciberseguridad o a los suministros para la fabricación aditiva o impresión en 3D, la definición del resto de los nuevos empleos sigue siendo difusa. Evidentemente, la proliferación de la automatización industrial implicará la creación de empresas instaladoras de equipos. Ahora bien, ¿quién se atreve a asegurar que, dentro de 10 o 20 años, los instaladores seguirán siendo personas? Mientras tanto, humanos y sistemas de inteligencia artificial conviviremos un tiempo. Durante ese período, los empleados que sepan trabajar con inteligencia artificial serán los mejor colocados.

Benedikt y Osborne detectaron asimismo que se producirá una creciente polarización entre los tipos de actividad. Por un lado, aumentarán los puestos de trabajo cognitivos y creativos de altos ingresos y los relacionados con ocupaciones manuales de bajos ingresos, pero disminuirán notablemente los empleos medios de control dedicados a tareas rutinarias y repetitivas. Este fenómeno

82

es visto con preocupación por analistas como Klaus Schwab, presidente y fundador del Foro Económico Mundial y autor del libro *La cuarta revolución industrial*, quien teme que las desigualdades se conviertan en una consecuencia sistémica. En su opinión, este grave foco de inestabilidad social, cada vez mayor en todo el planeta, tendrá que superarse con el establecimiento de «un conjunto de valores comunes para tomar las decisiones políticas correctas e impulsar aquellos cambios que transformen la cuarta revolución industrial en una oportunidad para todos».

Contra lo que pudiera parecer, la robótica y las pequeñas empresas productivas pueden complementarse. La existencia de un robot al que es posible entrenar para que se ocupe de las tareas más repetitivas está dando lugar a la aparición de la figura

Un ingeniero utiliza una *tablet* para las labores de mantenimiento de un área de brazos robóticos en una industria pesada. También las fábricas pequeñas podrán contar con el auxilio de robots a las órdenes de técnicos especializados que programarán sus tareas de un modo sencillo e intuitivo.

del «técnico robótico». Gracias a los algoritmos actuales, cualquier empleado puede enseñar al robot y programar sus tareas con una poca preparación técnica. En este caso, la inversión en inteligencia artificial permitirá mantener la empresa en activo y aumentar la productividad, reduciendo costos y reconvirtiendo un puesto de trabajo.

Sin embargo, si las tareas repetitivas son las más afectadas por la automatización, ¿por qué los camioneros y los taxistas también tienen los días contados? Y si se estima que el mercado laboral crecerá en empleos cognitivos, ¿por qué el trabajo de analista de crédito, por ejemplo, puede estar automatizado en pocos años? Porque el alcance de la aplicación de la IA va mucho más allá.

Resulta evidente que la cuarta revolución supone un cambio de paradigma muy cercano al viejo sueño de la humanidad de un futuro próspero sin necesidad de trabajar, algo de lo que se ocupan exclusivamente las máquinas. No obstante, en la actualidad seguimos viviendo en un marco socioeconómico en el que los individuos tienen la doble e indisoluble función de productores-consumidores de objetos, bienes y servicios. De este modelo surgió el concepto de productividad –producir más a menor coste–, impulsor subyacente de las inversiones del capital privado en las investigaciones en inteligencia artificial desde que internet facilitó la creación del mercado global.

En las últimas décadas y antes del advenimiento de la automatización industrial, el aumento de la productividad ha generado una brecha considerable entre las rentas del capital, que se han disparado, y las del trabajo, que han decaído gradualmente. Ante este panorama, la irrupción de la inteligencia artificial en el mercado del trabajo supone un enorme reto para el mantenimiento del sistema económico mundial, pues rompe definitivamente con la condición productor-consumidor del individuo, tanto en las economías avanzadas como en las que están en desarrollo. Y aún no

La cuarta revolución industrial está modificando los hasta ahora habituales esquemas de gastos en las empresas. Los grandes disruptores actuales - empresas como Google, Amazon, Alibaba, Facebook, Apple, etc.- ya destinan más recursos al modo de acceder al cliente que a su mano de obra.

se vislumbran alternativas satisfactorias para este sistema. Aunque hay quien afirma que, tras una época de transición, se crearán nuevas industrias y empleos, otros consideran ineludible la desaparición del trabajo tal como lo entendemos hoy. De hecho, los grandes disruptores actuales –empresas como Google, Amazon, Alibaba, Facebook, Apple, etc.– ya destinan más recursos al modo de acceder al cliente que a su mano de obra.

Frente a esta situación, han surgido propuestas de reequilibrio de rentas como la renta mínima asegurada para los afectados por esta transición, que podría ser indefinida si la cuarta revolución industrial no promueve millones de nuevos puestos de trabajo. En este sentido, algunos analistas, basándose en el empoderamiento de los usuarios de las redes sociales, vaticinan que hacia 2040 serán los propios clientes de las grandes empresas beneficiadas quienes reclamarán a sus suministradores un reequilibrio de las rentas.

Curiosamente, algunas circunstancias sociales y económicas quizá suavicen el previsiblemente brutal impacto de la automatización en determinadas zonas del mundo industrializado. El envejecimiento de la población puede contribuir a que la automatización de las industrias pierda su carácter negativo, pues mantendría y mejoraría la productividad en sociedades abocadas a entrar en una fase de decadencia económica por la escasez de mano de obra.

Por otra parte, que una tarea pueda automatizarse no significa que deba someterse por fuerza a ese cambio. Para ciertos sectores de negocios la inversión en equipos automáticos quizá sea menos rentable que el mantenimiento de su plantilla. Además, existen otros condicionantes que pueden atenuar el impacto de la inteligencia artificial en el mercado laboral, como la resistencia al cambio por parte de clientes y usuarios empoderados por las tecnologías de la comunicación.

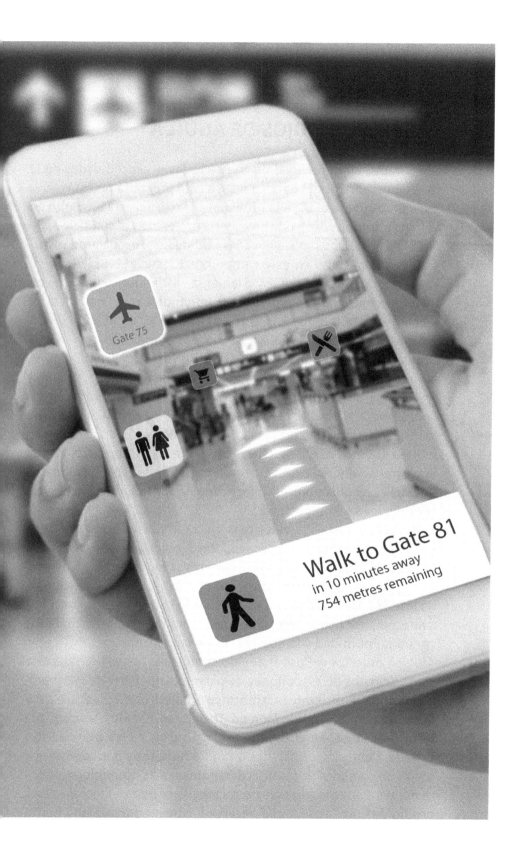

FACEPTION Y OJOS DE ÁGUILA

¿Será capaz la humanidad de controlar las potencialidades de la inteligencia artificial? La respuesta a esta pregunta no está clara, pues todo cuanto atañe a la inteligencia artificial está envuelto en la incertidumbre. Hoy por hoy, su futuro está más condicionado por las especulaciones que por las realidades. Pero la gran inversión llevada a cabo en este campo por Estados Unidos, China, Rusia, Japón, Corea del Sur y Alemania –los Estados punteros en investigación en inteligencia artificial– indica que la apuesta es fuerte y que la inteligencia artificial avanza en áreas muy diversas prácticamente a diario. En *La cuarta revolución industrial*, Klaus Schwab recoge las sensaciones de varios directores generales de grandes corporaciones al respecto: «El diluvio de información disponible hoy, la velocidad de disrupción y la aceleración de la innovación son difíciles de comprender y prever». Y son una fuente constante de sorpresas. En este marco cuesta establecer límites éticos. No obstante, en la comunidad internacional hay unanimidad sobre la necesidad de regular algunas de las materias más afectadas por el desarrollo de la inteligencia artificial: la privacidad y la seguridad.

La privacidad es el valor más afectado por las nuevas tecnologías. Millones de cámaras, sensores y objetos –los *smartphones*, las lentes Google Glass o los asistentes personales y domésticos (Google Home, Amazon Echo), por ejemplo–, que captan y monitorizan la actividad de sus usuarios, están conectados de continuo a internet, por lo que son vulnerables a ataques malintencionados contra la intimidad y la libertad de los ciudadanos.

Una muestra del uso indebido de nuestro rastro digital fue la venta de datos de 87 millones de personas por parte de Facebook a la compañía británica Cambridge Analytica, que trabajó para la campaña electoral de Donald Trump, en Estados Unidos, y a favor del Brexit, en el Reino Unido. Gracias a esta información privada, Cambridge Analytica difundió rumores y noticias falsas –según un conjunto de técnicas denominadas de «dominio informativo»– para que los votantes cambiaran de opinión a favor de cierta opción política. Pese a que Facebook tuvo que pagar una multa millonaria por la venta de datos privados, en una condena ejemplar a una de las grandes firmas disruptoras del presente, lo cierto es que aún no existe una legislación global que prevenga y castigue el uso indebido e indeseado de los datos privados. Tampoco la hay contra la difusión de noticias falsas. Como ocurre con internet, la privacidad y seguridad de los usuarios sigue siendo el talón de Aquiles de los sistemas de inteligencia artificial que procesan información de todo tipo. Además, la posibilidad de operar desde cualquier lugar del mundo con conexión rápida a internet permite a los piratas informáticos operar con impunidad si lo hacen desde países con escasa, permisiva o nula regulación al respecto.

El reconocimiento facial también puede constituir un ataque contra nuestra intimidad, aun en nombre de la seguridad. Con el fin de prevenir ataques terroristas, varios aeropuertos de tráfico internacional –Washington, Nueva York, Londres, Ottawa– lo utilizan para registrar el rostro de los pasajeros y compararlo con el de los pasaportes. Con la misma intención, casi todos los países avanzados recurren a técnicas de reconocimiento facial en lugares muy concurridos como aeropuertos, estaciones de tren y de autobuses, conciertos, acontecimientos deportivos… China, que cuenta con más de 170 millones de cámaras, encabeza esta iniciativa poco respetuosa con la privacidad de sus ciudadanos. El gobierno chino está desarrollando el sistema de reconocimiento facial más poderoso del mundo, denominado Ojos de Águila, para identificar a cualquier ciudadano en cuestión de segundos. La policía asegura que gracias a esta técnica se han detenido en una sola ciudad a 375 delincuentes. Los ayuntamientos chinos también hacen uso esta tecnología para alentar los buenos comportamientos cívicos: capta a los peatones imprudentes y, para avergonzarlos, exhibe su imagen junto a su información personal en grandes pantallas.

Y eso no es todo. Un grupo de investigadores de la Universidad de Stanford, en Estados Unidos, aseguró en 2017 haber desarrollado un algoritmo capaz de identificar la orientación sexual de las personas basándose únicamente en las características faciales y las expresiones de sus rostros. El algoritmo analizó imágenes de una web de citas y, con un acierto del 81% en el caso de los

Las Google Glass o gafas de Google son de hecho un potente smartphone capaz de recibir, captar y transmitir imágenes por internet. El dispositivo de visualización o lente responde a los principios de la realidad aumentada, que permiten reproducir imágenes creadas por ordenador muy cerca de los ojos, con lo que se produce un efecto de agrandar la realidad y se amplía el campo de visión natural.

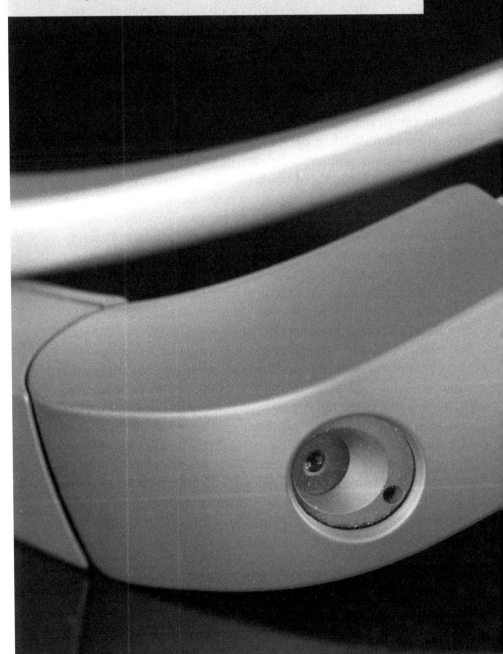

El rápido reconocimiento de características biométricas singulares, como las huellas dactilares, la retina y el rostro, es una tarea sencilla para la inteligencia artificial, ya que puede manejar en un tiempo récord un enorme contingente de datos.

hombres y del 74% en el de las mujeres, determinó si eran homosexuales o heterosexuales.

Como si se tratara de la película de ciencia ficción *Minority Report*, una empresa de seguridad israelí, Faception, ha implementado una aplicación de inteligencia artificial que con una sola fotografía del rostro predice los rasgos de carácter a partir de 15 perfiles predeterminados (creativo, jugador de póker, investigador, ladrón, acosador sexual, terrorista, atracador, consumidor de drogas...). Las fuerzas de seguridad israelíes y de Estados Unidos ya utilizan esta aplicación.

Como vemos, las peculiaridades de la inteligencia artificial someten al debate público la controversia ética entre seguridad y libertad. El uso que se haga de la inteligencia artificial depende exclusivamente de los seres humanos que la ponen en práctica. Puede convertirse en el Gran Hermano que todo lo vigila, como en la célebre novela de Orwell, o ayudarnos a evitar agresiones. Otro punto polémico relativo a la seguridad es el de las armas que aplican la inteligencia artificial: no existen acuerdos internacionales de limitación del uso de este armamento, que se caracteriza por su capacidad de tomar decisiones de acuerdo con los parámetros

El gobierno chino está desarrollando el sistema de reconocimiento facial más poderoso del mundo, al que llaman Ojos de Águila.

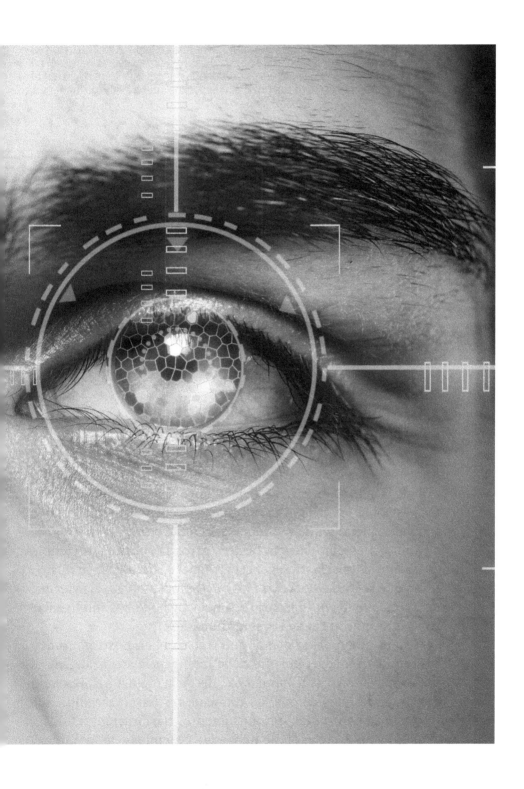

Imagen de Hal 9000, ficticio superordenador que en la película 2001: Odisea del espacio, de Stanley Kubrik, se imponía a la voluntad del ser humano. La hipótesis planteada en la película es secundada por quienes temen que, en el futuro, la inteligencia artificial no se alinee con los intereses de los humanos.

indicados en su programa. Por ejemplo, Corea del Sur ha desplegado para la vigilancia de la frontera con Corea del Norte robots militares que automáticamente abren fuego contra el enemigo pero no disparan a aquellas personas que tienen las manos en alto. La comunidad científica teme que el mundo se encuentre ante una nueva carrera armamentística. En 2015, el Instituto para el Futuro de la Vida, con sede en Boston, que reúne a investigadores de la inteligencia artificial, filósofos, matemáticos, físicos y otras personalidades de la cultura, publicó una carta abierta firmada por más de 16.000 personas en la que advertía del riesgo que supone para la humanidad el desarrollo de sistemas armamentísticos basados en la inteligencia artificial.

¿ES CONSCIENTE DE SÍ MISMA LA INTELIGENCIA ARTIFICIAL?

Ante los fracasos registrados hasta el momento en la regulación de la aplicación masiva de la inteligencia artificial, las advertencias sobre los riesgos para la supervivencia de la humanidad adquieren pleno sentido. Aunque para muchos investigadores esa posibilidad es pura ciencia ficción, otros la consideran factible ya en este siglo si la inteligencia artificial se desarrolla al mismo ritmo que la ley de Moore con los microprocesadores. El principal temor es que los intereses de esa nueva y poderosa inteligencia no se alineen con los de los seres humanos.

Ese es el supuesto con el que trabaja Nick Bostrom, quien sostiene que el advenimiento de la inteligencia artificial general será el mayor reto de la humanidad desde la prehistoria. Bostrom cree que, después de que los ordenadores hayan accedido a la inteligencia perceptual –reconocimiento, clasificación, reutilización e, incluso, creación de imágenes y sonidos–, las máquinas

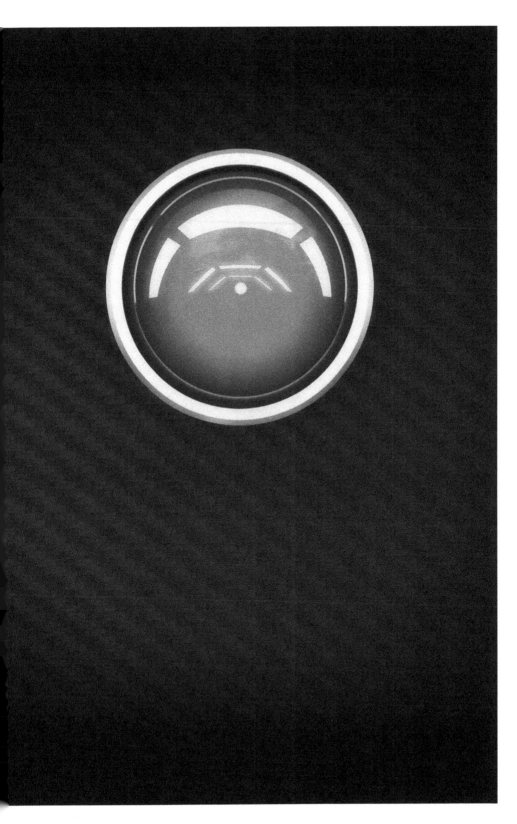

El temor a que los androides adquieran conciencia de su propia existencia ha sido tratado varias veces por el cine. La película Yo, robot (2004) -en la imagen- aborda el conflicto y alude a las Leyes de la Robótica, planteadas en las novelas de Isaac Asimov.

adquirirán tarde o temprano un nivel de inteligencia superior que las llevará a ser conscientes de sí mismas. Por ello propone que se tomen las medidas necesarias para adaptarnos a un cambio que se antoja inevitable. Advierte también que, una vez que se ha puesto en marcha una nueva tecnología, es imposible volver atrás, por lo que los avances en inteligencia artificial deben estar en consonancia con los intereses humanos para que no nos veamos en la tesitura de entrar en competencia con un nuevo tipo de inteligencia en el planeta. De lo contrario, «no tendremos una segunda oportunidad».

Frente a esta suposición, otros investigadores como el francés Jean-Gabriel Ganascia, profesor de informática en la Universidad Pierre y Marie Curie, se muestran más pragmáticos y creen que las máquinas nunca adquirirán la autonomía suficiente para tener conciencia de su propio comportamiento y que permanecerán al servicio de los objetivos fijados por los seres humanos. Admite que puedan captar, interpretar y simular emociones, pero no sentirlas.

EL MUNDO INTELIGENTE

El ser humano, centro de la revolución

Se calcula que en un plazo de 50 años la inteligencia artificial estará omnipresente en la vida de las personas La mayoría de las investigaciones actuales se orienta a mejorar la salud, la calidad de vida y las capacidades de los seres humanos.

LA CONVIVENCIA CON LA INTELIGENCIA ARTIFICIAL

En un plazo de 50 años la inteligencia artificial formará parte de la vida de las personas. En lo personal, la inteligencia artificial impulsará el desarrollo de planes de asistencia personalizados en materias como la salud y la educación.

Es altamente probable que nuestra salud sea supervisada por sistemas expertos que nos darán consejos para llevar una vida más saludable, diagnosticarán enfermedades y nos prescribirán un tratamiento individualizado. Las partes defectuosas de nuestro cuerpo serán sustituidas por órganos sintéticos, y mediante intervenciones nanométricas se controlarán enfermedades y trastornos genéticos.

La domótica y los robots domésticos nos permitirán controlar las tareas del hogar desde el teléfono móvil. Los nuevos ingenios contribuirán a respetar el medio ambiente porque nuestro consumo de suministros será más equilibrado y ajustado. Las previsiones apuntan a que la vivienda será el máximo exponente de la denominada inteligencia ubicua o ambiental, que integra la informática en el entorno del ser humano. Los ordenadores no se percibirán como objetos diferenciados, sino que podrán tener cualquier forma y estar en cualquier lugar, como en un frigorífico, un televisor o un espejo.

Nuestras ciudades serán inteligentes. Los servicios básicos estarán automatizados, por sus calles circularán vehículos autónomos compartidos y el tráfico tendrá una densidad inferior a la actual. Las gestiones administrativas estarán completamente automatizadas y podrán cumplimentarse desde cualquier dispositivo con acceso a internet y provisto de cámara, teclado virtual o sistema de voz.

En el inmediato futuro, los ordenadores ya no se percibirán en los hogares como elementos diferenciados del resto de los electrodomésticos, sino que podrán tener cualquier forma y estar integrados en frigoríficos o televisores, incluso en espejos mediante pantallas táctiles.

LOS BENEFICIOS

La inteligencia artificial es una fuente de progreso para la humanidad. Algunos dispositivos ya se aplican en diferentes ámbitos con resultados prometedores. Otros, en cambio, forman parte aún de la especulación, aunque todo apunta a que su puesta en práctica será una realidad en menos de una década.

MEDICINA Y SALUD

Una de las áreas en las que la inteligencia artificial desarrolló algunas de sus primeras capacidades prácticas fuera de la computación y el cálculo es la de la salud. A pesar de encontrarse aún en una fase inicial, ya ofrece pingües beneficios, avances evidentes y un enorme potencial, especialmente en el campo de la biotecnología.

El sistema experto Mycin, desarrollado a mediados de la década de 1970 en la Universidad de Stanford para diagnosticar infecciones de la sangre y proponer un tratamiento, es una de las aplicaciones más antiguas de la inteligencia artificial. En la década siguiente apareció Caduceus, que fue programado en la Universidad de Pittsburgh para diagnosticar casos de medicina interna y era capaz de identificar mil enfermedades diferentes. En la actualidad, el superordenador Watson de IBM –el mismo que compitió en el programa estadounidense *Jeopardy!*–, dotado de una gigantesca base de datos médicos, recomienda en pocos minutos tratamientos personalizados para pacientes con cáncer mediante la comparación de historiales de la enfermedad.

El acceso a la *big data* ha hecho posible acumular una enorme cantidad de literatura médica (datos sobre investigación de enfermedades, diagnosis y tratamiento), que los sistemas de inteligencia artificial procesan a gran velocidad. Los sistemas expertos leen millones de artículos científicos (228 en 28 minutos en el caso de IBM Watson for Drug Discovery) y proponen conclusiones a los interrogantes planteados por los facultativos.

Por otro lado, los avances en nanotecnología han permitido devolver parcialmente la visión a personas que sufren de degeneración hereditaria de la retina. En 2013 una empresa israelí,

Bio-Retina, presentó un chip del tamaño de un grano de arroz que, implantado en la retina del afectado, le devolvía parte de la visión al estimular las neuronas que crean imágenes en el cerebro. Al año siguiente, la empresa francesa Pixium Vision anunciaba que cinco pacientes con retinosis pigmentaria habían recuperado parcialmente la vista después de implantarles un sistema artificial en la retina. Este se compone de una pequeña cámara instalada en unas gafas y de un chip que, dividido en dos, convierte las imágenes en señales eléctricas que estimulan las neuronas. Una parte del chip se implanta en el globo ocular y la otra en el nervio óptico. No obstante, ninguna de las dos fórmulas son aplicables a los invidentes de nacimiento o a personas con otras patologías de la vista, pues se basan en la memoria visual del paciente. Por otro lado, gracias a la amplia gama de sensores actuales se están desarrollando medios de computación háptica, que mediante impulsos eléctricos de baja intensidad en la piel permiten a las personas con discapacidades visuales detectar la presencia de seres y objetos en sus proximidades.

Las prótesis inteligentes están experimentando un desarrollo constante desde que en 2002 el investigador de las conexiones entre el cerebro humano y los ordenadores, Kevin Warwick, consiguió transmitir los movimientos de su brazo a un análogo robótico mediante los electrodos que insertó en el nervio mediano de su extremidad superior. Seis años después, la compañía estadounidense Deka desarrollaba el «brazo de Luke» (en referencia al protagonista de *La guerra de las galaxias*), una avanzada prótesis controlada por los impulsos nerviosos. La prótesis se divide en secciones que se ensamblan desde el hombro hasta la mano, por lo que es adaptable cualquier brazo que haya sufrido una amputación. Ya existe también una mano biónica funcional que prescinde de la conexión con el sistema nervioso, creada por el Instituto de Neurociencias de la Universidad de Newcastle (Reino Unido). La mano está equipada con una cámara minúscula que fotografía el objeto, pondera su forma y tamaño y activa una serie de movimientos para agarrarlo en pocos segundos. Basta con dirigir la cámara en la dirección correcta para que la mano seleccione una de las cuatro modalidades de agarre: coger

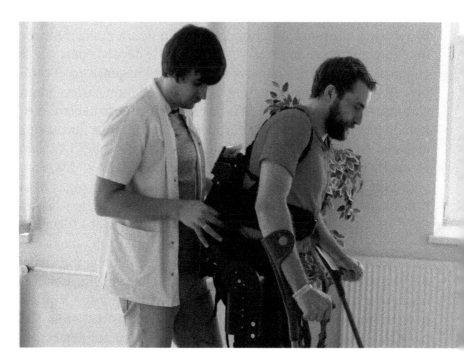

Arriba Un joven, equipado con un exoesqueleto robótico, realiza ejercicios de rehabilitación en una clínica.
Abajo Una chica efectúa ejercicios de escritura con la ayuda de una prótesis. Las prótesis inteligentes están en constante desarrollo y mejora desde 2002, cuando se consiguió transmitir los impulsos nerviosos de un brazo a un análogo robótico.

una taza, sostener un control remoto de TV, tomar un objeto entre el pulgar y los dedos o apretando el pulgar y el dedo índice.

Las prótesis se han extendido a los exoesqueletos robóticos, como la armadura HAL. El Ministerio de Salud japonés aprobó en 2015 el uso de este armazón robótico para las piernas de los aquejados de atrofia muscular espinal o atrofia muscular espinobulbar. HAL funciona a partir de las señales que recibe del sistema nervioso mediante sensores dispuestos en los muslos y otras partes del cuerpo. Al recibir el impulso, el exoesqueleto, que recubre las piernas, activa los motores del movimiento que el usuario quiere realizar. Pero eso no es todo. Pruebas realizadas en Japón demostraron que los pacientes que se sometían a nueve sesiones de ejercicios con HAL podían recorrer distancias más largas que aquellos que no habían seguido este tratamiento. HAL, además de ayudar a la locomoción, ejecuta otras funciones en segundo plano: «recordar» al cuerpo y al cerebro cómo caminar, retrasar los efectos de una enfermedad paralizante y contribuir a recuperar la movilidad de las piernas. El armazón también está siendo utilizado por enfermos de esclerosis lateral amiotrófica (ELA) y distrofia muscular.

La genética es otro campo en el que se han producido grandes avances en los últimos años. Completar el Proyecto Genoma Humano supuso más de diez años y cerca de 2.700 millones de dólares; pues bien, hoy el sistema Watson de IBM es capaz de secuenciar el genoma de un paciente con glioblastoma en apenas diez minutos, frente a las 160 horas que necesitaría un especialista humano, y con un coste inferior a 1.000 dólares.

Aunque plantean importantes cuestiones éticas, los avances en genética pueden mejorar notablemente la salud de millones de personas, sobre todo en lo que respecta a enfermedades de carácter hereditario o genéticas. Así, se prevé que sistemas de inteligencia artificial utilizados en diagnósticos puedan llevar a cabo la secuenciación de la constitución genética individual de los pacientes de una manera eficaz y rentable. Ello permitiría modificar los actuales protocolos de tratamientos por otros personalizados y más eficientes.

La ingeniería genética también está contribuyendo a la normalización de los «xenotrasplantes» a través de la modificación de los órganos vitales de los cerdos –el animal con la estructura orgánica más similar a la del ser humano– para el trasplante en seres humanos sin que se produzca rechazo inmunológico. En algunos casos ni siquiera será necesario recurrir a los animales: la impresión en 3D combinada con la ingeniería genética producirá tejidos vivos mediante el proceso llamado «bioimpresión». Ya se ha utilizado para generar tejido dérmico, óseo y vascular, y muchos especialistas creen que en 2025 se producirá el primer trasplante de un hígado creado por una impresora 3D. Por último, la empresa estadounidense Intuitive Surgical creó en el 2000 el equipo DaVinci de cirugía robótica de alta precisión. Desde una consola que recibe la imagen en alta definición de la zona que se va a operar, un cirujano controla y dirige las operaciones que realiza DaVinci con sus brazos robóticos dotados del instrumental necesario. Este sistema es menos invasivo que la cirugía abierta y la laparoscopia. Una de las grandes innovaciones fue la visión en tres dimensiones y en color del área de intervención, frente a la bidimensional en blanco y negro de los instrumentos laparoscópicos. En la

104

La impresión en 3D combinada con la ingeniería genética producirá tejidos vivos mediante el proceso llamado «bioimpresión».

actualidad se trabaja en sistemas quirúrgicos que puedan operar de forma remota o completamente automática. Es probable que hacia 2053 la inteligencia artificial robótica sea capaz de realizar cualquier tipo de cirugía por sí sola.

EDUCACIÓN Y COMUNICACIÓN

También el mundo laboral experimentará un cambio de paradigma. Se estima que a lo largo de su vida una persona habrá tenido entre seis y siete empleos con habilidades diferentes, y que su formación será permanente. En este escenario, la inteligencia artificial será un asistente imprescindible para la enseñanza, mediante programas de tutorización online que se ajustarán a cada estudiante.

Hoy en día ya existen programas de inteligencia artificial de apoyo al estudiante. Su funcionamiento es simple. Los alumnos acceden al tutor por internet y le formulan preguntas y dudas. El tutor inteligente interactúa con el estudiante adaptando a las necesidades de este su conocimiento de la materia en virtud de tres criterios básicos de respuesta: acierto, duda o desconocimiento. Los maestros tienen acceso al tutor virtual y pueden ver, por ejemplo, qué conceptos han sido los más consultados por los alumnos y qué materias resultan más difíciles. Esto les permite adaptar las clases a cada grupo. Además, este sistema facilita la medición, recopilación y análisis de los datos suministrados por los estudiantes durante el proceso de aprendizaje. Esta información puede propiciar nuevos descubrimientos científicos en el campo de la cognición y contribuir a la mejora del aprendizaje a gran escala. Actualmente ya se utiliza la inteligencia artificial para analizar la motivación, comportamiento y resultados de los estudiantes. La especialidad que estudia estos datos recibe la denominación en inglés de *learning analytics*.

La inteligencia artificial también contribuye a nuevos hallazgos en diversos campos académicos. En zoología, por ejemplo, se está empleando para traducir el idioma de los delfines; en astronomía, para detectar asteroides y prever su impacto contra la Tierra; en botánica, para identificar plantas amenazadas, y en antropología ha permitido descubrir la existencia de un nuevo homínido entre los hombres de Neandertal y de Denisova.

Un minibús estacionado frente al hotel Scandic en el edificio Victoria Tower, un rascacielos del distrito tecnológico de Kista, en Estocolmo (Suecia). De acuerdo con su condición de ciudad innovadora, Kista está implementando algunos sistemas propios de las *smartcities*, como el transporte público autónomo.

ENTORNO NATURAL Y MEDIO AMBIENTE

Las aplicaciones de la inteligencia artificial serán fundamentales para proteger y conservar el medio ambiente. En las próximas décadas se multiplicará el número de sensores que transmitirán a sistemas inteligentes información sobre las variaciones de los factores naturales. De esta forma se podrán predecir con gran precisión situaciones de sequía, inundaciones, incendios forestales y plagas. Paralelamente, esta información se aplicará al sector agrícola para planificar las cosechas de acuerdo con las situaciones climáticas dominantes.

En el entorno urbano, las ciudades inteligentes serán grandes aliadas del medio ambiente. Por ejemplo, la aplicación de sensores en los sistemas de suministro de agua, gas y electricidad evitará el derroche. La consolidación de los vehículos autónomos conllevará una disminución del tráfico rodado (coches compartidos) y de los gases contaminantes (motores eléctricos). La liberación de plazas de estacionamiento podría traducirse en zonas verdes, que ayudarían a compensar el aumento de las temperaturas previsto a raíz del cambio climático. Baste un ejemplo: en Estados Unidos hay aproximadamente 700 millones de plazas de estacionamiento, más de 15.000 km², un valor equivalente al de la superficie del estado de Connecticut.

Otra propuesta en favor de las políticas medioambientales es la colocación de sensores en las farolas para registrar datos sobre el clima, la contaminación atmosférica, el movimiento de vehículos y personas y el ruido. Una red de sensores de este tipo permitiría obtener datos de la ciudad en tiempo real y analizarlos para buscar soluciones en cualquiera de estos ámbitos.

SEGURIDAD Y BIENESTAR

En Estados Unidos fallecen cada año cerca de 35.000 personas en accidentes de tráfico. Se cree que la futura puesta en servicio de los vehículos autónomos reducirá ostensiblemente esa cifra gracias a

Audi Aicon, el vehículo autónomo de la prestigiosa marca alemana, durante su presentación en La Vegas en 2019. Gracias a sensores altamente avanzados y a la conexión a la red, la marca anuncia una conducción sin accidentes. En Estados Unidos mueren cada año 35.000 personas en accidentes de tráfico.

Brazo robótico articulado controlado por teléfono móvil gracias a la tecnología 5G, apta para el desarrollo del Internet de las Cosas (IoT) con velocidades de carga y descarga de 20 y 10 gigabytes, respectivamente.

las medidas de seguridad activas con las que cuentan estos automóviles. De confirmarse en la práctica que los coches autónomos sufren menos accidentes, las compañías de seguros penalizarán las pólizas de los conductores humanos y bonificarán las de los vehículos sin conductor.

En ocasiones, los mecanismos basados en la inteligencia artificial cuyo objetivo es proteger a la comunidad plantean dilemas éticos. Es el caso de los tribunales de justicia de Estados Unidos que utilizan la inteligencia artificial para predecir la reincidencia delictiva de detenidos y condenados. Varios expertos y afectados han manifestado que esta tecnología tiene un sesgo racista notable, pues los índices de reincidencia más elevados recaen sobre personas negras. Ello se debe a que el algoritmo incorpora datos históricos de la delincuencia, y tradicionalmente las comunidades más desfavorecidas, especialmente los afroamericanos, han sido también las más reprimidas. Esto demuestra que la inteligencia artificial no es neutral, sino que, en función de los datos que se le suministran, puede perpetuar sesgos éticamente reprobables e indeseables como el racismo o el machismo.

El envejecimiento de la población es un problema en muchos países de Europa, Norteamérica y Extremo Oriente. La falta de mano de obra joven es una realidad que afecta también a los sectores asistenciales, especialmente a los que se dedican a los ancianos. En Japón, el gobierno subvenciona un programa de inserción de robots en las residencias geriátricas con varias finalidades, entre ellas proporcionar compañía a los ancianos. Una residencia de Tokio fue el banco de pruebas en 2017. Se incorporaron tres tipos de

Los sistemas de inteligencia artificial destinados a proteger a la comunidad de las acciones criminales plantean dilemas éticos.

Concebido para «hacer feliz a la gente», el robot Pepper, capaz de detectar emociones y analizar expresiones y tonos de voz humanos e interactuar de acuerdo con ellos, ha sido utilizado en Japón y el Reino Unido en programas de acompañamiento de ancianos solitarios, tanto en residencias como en domicilios privados. Pepper tiene también aplicaciones en los ámbitos comercial, doméstico y académico.

robots: el pequeño *Sota*, que, situado en las habitaciones, además de avisar si algún anciano se había caído de la cama mientras dormía, le daba los buenos días y le recordaba las horas de su medicación; el simpático *Pepper*, un robot cantarín de 1 m de altura, que dirigía los ejercicios gimnásticos, detectaba las emociones y las expresiones faciales y mantenía breves conversaciones; y, finalmente, los robots lúdicos *Palro*, de aspecto humanoide, *Aibo*, un perro mecánico, y *Paro*, una afectuosa foca de suave pelo blanco que agradecía las caricias con ronroneos y guiños. Estos tres últimos robots fueron introducidos con fines terapéuticos, para calmar la ansiedad de los internados que sufrían demencia senil.

113

EL SER HUMANO COMO CENTRO DE LA REVOLUCIÓN

El bienestar de las personas es la prioridad de la revolución de la inteligencia artificial. La cuarta revolución industrial nos alejará de las tareas repetitivas y monótonas y contribuirá a una continua mejora de nuestras aptitudes.

Desde el descubrimiento de nuevos fármacos para combatir enfermedades hasta los vehículos autónomos, la mayor parte de las investigaciones en inteligencia artificial se centran en mejorar la salud, las condiciones de vida y las capacidades de las personas, al tiempo que ayuda a crear nuevos procedimientos en favor del medio ambiente y a intensificar las relaciones interhumanas. Basándose en los avances experimentados en áreas tan diversas como la computación, la inteligencia artificial, la nanotecnología, la impresión en 3D o internet, y en su confluencia, la cuarta revolución industrial provocará un profundo cambio cultural que afectará a las relaciones de las personas con los objetos –sustituyendo el valor de la propiedad por el del uso– y con sus congéneres, lo que inaugurará una fase de mayor cooperación para el logro de nuevos retos como especie.

GLOSARIO

Algoritmo. En matemáticas, lógica y ciencias de la computación, conjunto finito de instrucciones ordenadas y sin ambigüedades que permiten llevar a cabo una actividad mediante pasos sucesivos que conducen a la solución de un problema. Una receta de cocina, por ejemplo, es un algoritmo.

Algoritmo de propagación hacia atrás. La propagación hacia atrás de errores o retropropagación es un método de cálculo del peso (o gradiente) empleado en los algoritmos de aprendizaje supervisado que se utilizan para entrenar redes neuronales artificiales.

Aprendizaje automático. Rama de la inteligencia artificial cuyo objetivo es desarrollar técnicas para que una computadora u ordenador adquiera la capacidad de aprender. Hay tres tipos de aprendizaje: supervisado, no supervisado y por refuerzo.

Backpropagation. *Véase* **algoritmo de propagación hacia atrás.**

BASIC. Familia de lenguajes de programación ampliamente extendida. El BASIC original fue diseñado para enseñar a programar a estudiantes y a profesores que no fueran de ciencias.

Big data. Denominación en inglés del análisis de conjuntos de datos de grandes dimensiones (macrodatos, datos masivos, datos a gran escala).

Circuito electrónico. Circuito impreso armado con elementos electrónicos.

Circuito impreso. En electrónica, superficie constituida por caminos de material conductor laminados sobre una base no conductora. Se utiliza para conectar eléctricamente a través de las pistas conductoras y prestar soporte a un conjunto de componentes electrónicos.

Circuito integrado (chip o microchip). Estructura milimétrica de material semiconductor, generalmente silicio, sobre la que se disponen circuitos electrónicos.

Compilador. Programa que traduce el código fuente, próximo al lenguaje humano, a un lenguaje próximo al hardware del ordenador. El programa resultante se denomina **código máquina.**

Frame. En inteligencia artificial, estructura de datos que contiene una descripción general de un objeto, derivada de conceptos básicos y de la experiencia.

Heurística. Procedimiento para hallar el camino más efectivo entre varios posibles con el fin de conseguir cierto objetivo.

Host. Ordenador u otro dispositivo (*tablet*, teléfono móvil, portátil...) conectado a una red y que utiliza y provee servicios de esta. Por extensión, todo equipo informático provisto de una dirección con protocolo de internet (IP), interconectado con uno o más equipos y que funciona como el punto de inicio y final de las transferencias de datos. También hace referencia al lugar donde reside un sitio web.

IF-THEN. En los lenguajes informáticos, instrucción, proposición o sentencia condicional que, teniendo un antecedente, deriva en una consecuencia; equivale en español a «si-entonces».

IPv4. Siglas del Protocolo de Internet versión 4 (*Internet Protocol version 4* en inglés). Primera versión implementada para la producción de Arpanet (primera versión de internet). Actualmente está siendo sustituido por una nueva versión más potente, IPv6.

LISP. Lenguaje propio de la inteligencia artificial. Desde su aparición ha sufrido numerosas modificaciones y ha dado pie a muchos dialectos, como el Common Lisp y el Scheme. LISP es el acrónimo de List Processor (procesador de listas).

Machine learning. *Véase* **aprendizaje automático.**

Máquina de Turing de estados finitos (o general). Máquina abstracta desarrollada por Alan Turing, que sentó las bases de la computación al definir el concepto de algoritmo.

Microprocesador (o procesador). El circuito integrado central más complejo de un sistema informático; el «cerebro» del ordenador. Se encarga de ejecutar los programas, desde el sistema operativo hasta las aplicaciones de usuario.

Modelo computacional. Modelo matemático que estudia el comportamiento de un sistema complejo mediante la simulación por computadora. Algunos ejemplos son el pronóstico del tiempo, los simuladores de vuelo y las redes neuronales.

Modelo de protocolos OSI. Modelo estándar de referencia internacional para los protocolos de internet.

Neurona. Unidad básica de procesamiento dentro de una red neuronal.

PDA. Computadora u ordenador de bolsillo que se utiliza como agenda electrónica personal. En la actualidad ha sido reemplazada por los teléfonos inteligentes.

Peso. Parámetro que permite ajustar la relevancia de los estímulos externos o entradas en los algoritmos de redes neuronales para que la activación de entrada solicitada coincida con la salida, al menos en un porcentaje elevado.

Procesamiento en paralelo. Tipo de procesamiento computacional propio de las redes neuronales, gracias al cual se pueden realizar varias acciones de modo simultáneo y colaborativo.

Protocolo IP. Protocolo de internet estándar que se utiliza para el envío y recepción de información. Las direcciones IP hacen referencia a los ordenadores transmisor y receptor de una comunicación.

Protocolo SSH. Acrónimo del protocolo informático Secure SHell y del programa que lo implementa, cuya función es el acceso remoto a un servidor por medio de un canal seguro en el que toda la información está cifrada.

Protocolo TCP. Protocolo de conexión y transmisión de datos de internet. Facilita el envío de datos entre dos ordenadores sin errores y en el mismo modo en que se transmitieron. Los protocolos TCP/IP permiten a los programas de aplicación comunicarse entre sí.

116   **Puertas AND y OR.** Puertas lógicas en un dispositivo electrónico con una función binaria que incluyen o excluyen según sus propiedades lógicas. La puerta AND (y) es un conector lógico que aplica la conjunción lógica y cuyo valor de la verdad es cierto únicamente cuando las dos proposiciones son verdaderas; equivale a la intersección en la teoría de conjuntos. La puerta OR (o) es un conector lógico que aplica la disyunción lógica y cuyo valor de la verdad es siempre cierto excepto cuando las dos proposiciones son falsas; equivale a la unión en la teoría de conjuntos.

Red semántica. Sistema de representación en forma de red del conocimiento lingüístico en la que los conceptos y sus interrelaciones aparecen como grafos: un conjunto de objetos llamados nodos, que incluyen los conceptos, unidos por líneas denominadas arcos o aristas, que establecen las relaciones entre los diferentes nodos.

Script. Esquema de representación que organiza estructuras especializadas que describen secuencias de acontecimientos en un contexto particular.

Streaming. Procedimiento de descarga de archivos multimedia (audio y vídeo) digitalizados desde internet que permite al usuario utilizarlos mientras se descargan.

Transistor. Dispositivo electrónico semiconductor utilizado para entregar una señal de salida en respuesta a una señal de entrada.

Tubo de rayos catódicos. Tecnología para visualizar imágenes mediante un haz de rayos catódicos proyectado sobre una pantalla de vidrio recubierta de fósforo y plomo.

Tubo de vacío. Véase válvula **termoiónica (o electrónica).**

Tubo de Williams o de Williams-Kilburn. Tubo de rayos catódicos desarrollado para almacenar electrónicamente datos binarios.

Válvula termoiónica (o electrónica). Antiguo componente electrónico que permitía regular una señal eléctrica controlando el movimiento de los electrones que se generaban en su interior a muy baja presión o en presencia de ciertos gases, como el xenón. Fue crucial en el desarrollo de las redes telefónicas, las computadoras analógicas y digitales, etc.

BIBLIOGRAFÍA RECOMENDADA

- Barrat, James, **Nuestra invención final: La inteligencia artificial y el fin de la era humana**, Paidós, Barcelona, 2015.

- Bostrom, Nick, **Superinteligencia. Caminos, peligros, estrategias**, Teell, Zaragoza, 2016. — y Julian Savulescu, **Mejoramiento humano,** Teell, Zaragoza, 2018.

- Contreras González, Iván M., **El estado automatizado: La inteligencia artificial y la economía automatizada**.

- Gradoli Sandemetrio, Arturo, **Inteligencia artificial y desempleo tecnológico.** *La cosa*, Luhu, Alcoy, 2017.

- Kaplan, Jerry, **Inteligencia artificial. Lo que todo el mundo debe saber**, Teell, Zaragoza, 2017.

- Kaspárov, Garry, **Deep Blue: Donde termina la inteligencia artificial y comienza la creatividad humana**, Teell, Zaragoza, 2018.

- Kelly, Kevin, **Lo inevitable. Entender las 12 fuerzas tecnológicas que configurarán nuestro futuro**, Teell, Zaragoza, 2017.

- Kurzweil, Ray, **La Singularidad está cerca. Cuando los humanos transcendamos la biología**, Lola Books, 2015.

- Leal Martín, Silvia, **No te vas a morir: Impacto de la robótica y la inteligencia artificial sobre nuestra vida personal y profesional**, Círculo Rojo, El Ejido, 2015.

- López de Mántaras Badia, Ramon, y Pedro Meseguer González, **Inteligencia artificial**, CSIC, Madrid, 2017.

- Martínez Quirante, Roser, y Joaquín Rodríguez Álvarez, **Inteligencia artificial y armas letales autónomas**, Trea, Gijón, 2018.

- Minsky, Marvin, **La máquina de las emociones. Sentido común, inteligencia artificial y el futuro de la mente humana**, Debate, Barcelona, 2010.

- Nilsson, Nils J., **Principios de inteligencia artificial**, Díaz de Santos, Madrid, 2016.

- Penrose, Roger, **La nueva mente del emperador**, De Bolsillo, Barcelona, 2015.

- Russell, Rudolph, **Redes neuronales: Guía sencilla de redes neuronales artificiales**, CreateSpace Independent Publishing Platform, 2018.

- Schwab, Klaus, **La cuarta revolución industrial**, Debate, Barcelona, 2012.

- Tegmark, Max, *Vida 3.0.* **Ser humano en la era de la inteligencia artificial**, Taurus, Barcelona, 2018.

- Vivancos, David, **Big Data: Hacia la inteligencia artificial**, The Valley Digital Business School, 2018.

TÍTULOS DE LA COLECCIÓN

Inteligencia artificial
Las máquinas capaces de pensar ya están aquí

***

Genoma humano
El editor genético CRISPR y la vacuna contra el Covid-19

***

Coches del futuro
El DeLorean del siglo XXI y los nanomateriales

***

Ciudades inteligentes
Singapur: la primera smart-nation

***

Biomedicina
Implantes, respiradores mecánicos y cyborg reales

***

La Estación Espacial Internacional
Un laboratorio en el espacio exterior

***

Megaestructuras
El viaducto de Millau: un prodigio de la ingeniería

***

Grandes túneles
Los túneles más largos, anchos y peligrosos

***

Tejidos inteligentes
Los diseños de Cutecircuit

***

Robots industriales
El Centro Espacial Kennedy

***

El Hyperloop
La revolución del transporte en masa

***

Internet de las cosas
El hogar inteligente

***

Ciudades flotantes
Palm Jumeirah

***

Computación cuántica
El desarrollo del qubit

***

Aviones modernos
El Boeing 787 y el Airbus 350

***

Biocombustibles
Ventajas y desventajas en un planeta sostenible

***

Trenes de levitación magnética
El maglev de Shanghái

***

Energías renovables
El cuidado y el aprovechamiento de los recursos

***

Submarinos y barcos modernos
El Prelude FLNG

***

Megarrascacielos
Los edificios que conquistan el cielo

***

www.ingramcontent.com/pod-product-compliance
Lightning Source LLC
Chambersburg PA
CBHW070838070326
40690CB00009B/1597